真壁づくりの家を建てる！

なぜか「木の家好き」に選ばれる5つの理由

株式会社サイエンスホーム
加納 文弘

カナリアコミュニケーションズ

INDEX

2 知る

3 学ぶ

第二部 「サイエンスホーム」で建てる 103

お客様の個性が光る「真壁づくりの家」のブランド力
サイエンスホーム宮崎店　串間文明店長（クシマ建築事務所）　150
世界も認める、地元の風土にマッチした「日本らしい家」
サイエンスホーム八戸店　橋本英文店長（株式会社橋長）　153
高価な家ではなく、「価値ある家」をつくりたい
サイエンスホーム　槌谷晴可関西地区エリアマネージャー（奈良店、株式会社カーペンターズハウス）　157
「かけがえのない親友」の家は、サイエンスホームで建てる
サイエンスホーム　日当瀬賢九州地区エリアマネージャー（鹿児島店、小山工建株式会社）　161
真壁づくりの家の良さを実感できる「お泊まり体験予約」
株式会社サイエンスウッド　影山真人社長　164

おわりに

同じ住宅業界にいる皆様へ　169

はじめに

なぜ真壁づくりの家が選ばれるのか

日本の家は、昔と比べて「本物」が少なくなってきました。

確かに住宅設備は進歩を遂げ、最先端のＩｏＴ技術や再生エネルギーを活用した便利な機能の恩恵に預かれるようになりました。また、高気密性や空調システムの管理も容易になり、いかなる周辺環境でも快適に暮らせるようになったといえるでしょう。戦後に戸建てやマンションの大量供給を行った結果、建材や造作物の質は下がり、家自体の寿命が短くなりました。その上でハウスメーカー各社は、最新鋭の住宅設備やデザインを採用し、それを流行としてお客様へ販売。それが常識となってしまった日本人には、新しい家こそ価値があるという考え方が定着してしまいました。

しかし、昔はどうだったでしょうか。建物として見ていくと神社・仏閣、城や周辺の建物、町家など、何百年も前に建てられたものが現存しています。さらには、建物の歴史を価値として評価し、名所や旧跡、文化（歴史）遺産など様々な名称で評価を得ています。つまり日本人は、歳月を重ねた建物に価値を見いだせているのです。それが家に限ってできていないということは、いわゆる本物を作ってこなかったハウスメーカー、そして業界の責任であると考えています。

古来、日本は木をはじめとした自然の素材を取り入れた家を建て、暮らしてきました。近年は自然災害が増えていますが、それらにも耐える構造が古来に考え出され、それが今日まで受け継がれています。そして木のぬくもりが感じられる空間に、人は不思議と安心や癒しを感じて暮らすのです。そんな家は、メンテナンスをすれば長く住むことができます。そして長く住むほどに価値が増していくのです。

そんな家を、低価格で提供したい。

10代からひとすじに家を売り続けていた私は、そんな想いをもってサイエンスホームを創立し、その想いをカタチにしてきました。それが真壁づくりの家です。日本古来の木造軸組構造に独自の施工法を加え、さらに精密な加工方法によって軸受工法では不可能とされてきた工期の大幅短縮とコストダウンに成功しました。

加えて現在は自社工場を稼働させ、中間マージンのカット、安定した品質での供給を実現させています。また、あわせて自分だけでは手が届かないお客様へ、真壁づくりの家を届けたいと仲間を募りながら、加盟店として一緒に奔走していただいています。

さて本書では、サイエンスホームとして出版する第3弾目の企画として、真壁づくりの家を主軸として一冊にまとめました。

第一部では、真壁づくりの家についてクローズアップし、お客様の目線から家づくりの実例と建てるまでの流れ、情報を収録しています。続く第二部では、サイエンスホームの魅力を私なりに綴った上で、大切な仲間である加盟店のリーダーにも真壁づくりの家またサイエンスホームの良さを存分に語らせていただきました。

木の家に住みたいと思われて本書を手にしていただいた皆様におかれましては、ぜひこれを一つの縁と捉えていただいて各地のモデルハウスへ足をお運びいただけましたら幸いです。百聞は一見にしかずとの言葉通り、ぜひご自身の五感でサイエンスホームの家の良さを感じ取っていただければ、これ以上の喜びはありません。

令和元年　12月吉日

株式会社サイエンスホーム　代表取締役社長　加納文弘

第一部

見る　「真壁づくりの家」で幸せな日々を

知る　「真壁づくりの家」を建てるまで

学ぶ　知って納得!「真壁づくりの家」の基礎知識

CHAPTER1

1 見る 「真壁づくりの家」で幸せな日々を ― 事例紹介 ―

大人になっても帰りたくなる、懐かしい土間のある家（サイエンスホーム沼田店）

「子どもたち」がいくつになっても、帰ってきたくなる家をつくりたかった――

こう語るご主人の希望を叶えたのは、新築なのにどこか懐かしさの漂う広い土間の存在。立派に成人した子どもたちが、帰りたい時に、自然と家に帰ってくる。そんな将来の姿まで想像できそうな「実家」の雰囲気と、家族がホッと一息つけそうな空間が玄関から見えてきます。

ご主人のHさんは、なんとサイエンスホーム沼田店の営業マン。真壁づくりの家を販売しながらも、「いつか、木の雰囲気をそのままに感じられるサイエンスホームでマイ

ホームを建てたい」と思っていました。Hさんと奥様、就学前の小さな2人のお子さんという4人家族の日常生活をイメージして、家の中心には大きな吹き抜けのあるＬＤＫを置き、１階部分に家事の導線をまとめて利便性を高めました。そして中2階には、子どもたちの遊びスペース兼家族団らんの場となる和室を配置。加えて小屋裏的なロフトもつくり、ご主人の書斎、趣味を楽しむスペースを用意しました。

施工面積は約70坪で、建材はひのきを採用。そこにエボニー（黒檀、黒に近い茶色）、子ども部屋のみミディアムウォルナット（ナチュラルな木のカラーとクルミ色の中間色）を選び、アンティークをテーマにしたレトロモダンなイメージの空間をつくり上げています。

重厚感のある天井や欄干、間仕切り壁は、木の風合いが大好きなHさんのお気に入り。「普通が嫌だ」との要望を受け、設計時には化粧梁の角を落とし、古材風に見せるなど、材料や納まりに様々な工夫を凝らしました。一方、奥様の希望は「たっぷりの収納と、太陽の光がたくさん入る室内干しのスペースが欲しい」というもの。日用品はすべて収納したいという要望に応じ、中2階下の蔵収納や小屋裏、キッチン背面のパントリーなどの大収納を設計しました。また、小さい子ども2人の育児と家事に追われる奥様の負担を軽くしようと、1階ですべての家事ができるよう、キッチンから近い場所に水まわり設備と収納を集約。中庭に面したランドリースペースは洗う・干す・アイロン・ミシンがけまで一カ所でできるためで、奥様も大満足のご様子です。

中2階の和室は子どもたちのプレイルームに。走り回ってのびのびと遊び、冬にはこたつを出して家族団らんの場にもできる和室は、子どもたちの記憶に残る「実家」のイメージを形づくっていくことでしょう。

「実際に住みはじめると、以前よりも寝つきが良くなり、睡眠の質が上がっている実感がありました。もしかしたら建設途中から漂っていた木のいい香りが好影響をもたらせてくれているのかも知れません。これで私は、サイエンスホームで建てた家の住み心地を自らの言葉でお客様に伝えることができます」とHさん。さらに「好きな車を買ってガレージに入れ、眺めたい」「中庭のスペースでバーベキューがしたい」「ロフト空間をシアタールームにしたい」と、念願のマイホームで家族の夢が広がっていきます。

和洋折衷の雰囲気漂う、家族のお気に入りの家

(サイエンスホーム横浜店)

インパクトがある朱色の壁と、仕切りのガラスブロックが目を引くダイニング。天井には木目の美しい浮づくり加工の秋田杉を、床には無垢のクリ材(栗の木、水や湿気に強い)を使用し、華やかでかつ洗練された空間。施主であるS様のご家族が大切に使ってきたアンティーク家具もしっくり馴染んでおり、明治時代の迎賓館や老舗のホテルのような、レトロモダンな雰囲気に。「はじめは家族も驚きましたが、とても居心地がいい。友人らにも好評でした」とS様も得意げです。

そのダイニングに続くリビングは採光性の高い吹き抜け空間に、加工する木から選定してつくった、お気に入りの木目の座卓を設置。持ち込みのレトロな引き戸を活かし、ダイニングの雰囲気を残しつつも、開放感溢れる家族の集合場所となっています。

ご家族はご夫婦と5歳、2歳の2人の娘さん、愛犬の計5人家族。40代のS様は、将

来のファイナンシャルプランなどを考えるなかで、「人生を豊かにする家が欲しい」と、展示会での体験宿泊などを経て、サイエンスホームを選ばれました。その熱い思いを引き受けたのは、サイエンスホーム横浜店。同じ職人、協力会社で現場を預かる徹底ぶりで納得のいく家づくりに向き合った結果、統一感のある雰囲気と使い勝手の良さ、住みやすさを両立させた家が誕生しました。

ダイニングの一部にはタイルを貼り、雨の日に洗濯物を乾かすサンルームに活用。「ペットコーナーも置けて、掃除がしやすくて便利です」とは奥様の言葉です。奥様はピアノ教室を運営されているため、淡い塗り壁のさわやかな玄関、モザイクタイルがアクセントとなった手洗いコーナーから防音を施したレッスン室まで、スムーズでプライバシーに配慮した動線がつくられています。

2階はレトロモダンの雰囲気を引き継ぎ、重厚かつ品のある空間に。化粧台や和箪笥など、持ち込まれた家具が引き立ちます。幅広のロフトへの階段は吹き抜けの上にかかり、登っていくとまるで宙に浮いているようで、しばしば途中で座り込む姉妹の姿も。14・5畳のロフト空間は大きなものでもしまいやすく、秘密の遊び場にもなっているようです。2人の娘さんもこの家が大好きで、休日は家を拠点に地元でレジャーを楽しむことが増えたそう。夏は、ウッドデッキでのプール遊びも楽しみの一つになっています。

「イメージが形になることが、こんなに楽しいなんて思いませんでした。素敵で、快適な家族のお気に入りの家ができました」とのコメントも。「絶対に後悔したくない」と挑んだ家づくりは、家族の毎日が豊かになる我が家の完成に結びついたようです。

Marshall

ゆったり暮らす日々を楽しむ家

（サイエンスホーム流山店）

大きな屋根がつくり出す、広い軒の下から眺める庭。開放的な吹き抜けと勾配天井、そして一人作業に没頭できるロフト空間。自慢のバイクや車を手入れするには十分な広さのガレージ。日本の伝統的な古民家とアジアンが融合した、ゆったりとした空気の流れる家で、子育てを終えた夫婦はそれぞれの趣味にじっくり向き合いつつ、日々の暮らしを楽しんでいる。

シーリングファンのついた勾配天井の吹き抜けが開放的なリビングは、柔らかい色調の家具やアジアンテイストの雑貨に彩られ、穏やかな雰囲気に包まれている。そのリビングと庭をつなぐのは、広い黒のウッドデッキ。オレンジの軒の下にベンチやハンモックが置かれ、「気が付けばここで庭を眺めている」という夫婦の特等席だ。キッチンに並んでつくった料理をここへ持ち込んでのんびり一杯、という楽しみもできた。美味しいものとお酒が大好きなご夫婦は、この家に住んでから「家呑み」が増えたという。

娘さんたちが独立し、たっぷり時間ができたご主人が没頭しているのは革小物づくり。ロフトの片隅にあるデスクには、革を切って手縫いするのに必要な道具がずらりと並ぶ。

「ガレージで車やバイクをいじるのも好きだけど、ロフトで一人静かに革に向かう時間も好き」というご主人。三線でのんびりした音色を奏でるのが好きな奥様のために、沖縄で買った布を使い、そのカバーも革細工でつくったという。じっくり選んだ素材を使い、一つひとつ身のまわりのものを心を込めてつくり上げていく。家づくりも、そうした姿勢で臨んできた。

家の設計に携わった担当者は想いを受け止め、十分に時

間をかけて、スイッチ一つから細部にわたる設備、収納の配置・形状などを細かく提案した。風呂から見える坪庭、窓の大きさ、高さ計算などについても、丁寧な打ち合わせを重ねたという。ご主人は「希望通りの家ができました。営業さんとの打ち合わせも楽しい作業でした。すべての家の雰囲気がすごく気に入っています」と満足そうだ。

ただ、家づくりは完成したあとも終わることはない。今も暇を見つけては、少しずつ好きなように手を加える。時を重ねる度に愛着が増す我が家に「まだまだやりたいことがたくさん。家と庭のことをあれこれ考えていると、仕事する暇がない」と笑うご主人。居心地のいい空間づくりそのものが、ご夫婦の楽しみの一つになっている。

玄関へと続いていく小路には、季節の移ろいや天候に応じて多様な表情を見せてくれる庭を眺めつつ、寒い日にはリビングでバイオエタノール暖炉の炎を楽しむ。

仲間を呼んで賑やかに過ごすのも良いけれど、ご夫婦でのんびり2人だけの時間を過ごす楽しみもまた格別。ゆったりと暮らすことそのものを楽しめる家があるのは、何とも贅沢でうらやましい。

秘密基地とガラスブロックがある家

（サイエンスホーム横浜店）

家は、小高い丘の上にある。小学生の姉妹は家へ帰るとすぐにランドセルを降ろし、小屋裏の「秘密基地」へ。壁一面に造作した本棚には、読書好きな家族が選んだ本がずらりと並んでいる。そこでおやつができるまで、好きなように本を選び取り、読みふける。遊びにやってきたお友だちも案内して、一緒に楽しい時を過ごす場所でもある。学校で描いた絵やつくった工作、家族写真などが並んでいるお気に入りの空間だ。

そんな秘密基地から階段を降りたところにはガラスブロックが。脇には、お姉ちゃんがピアノを弾く姿も見える。ピアノを練習する音色を聞きながら、奥様がキッチンでゆっくりと休日のランチをつくりはじめれば、ほどなくして皆が自然とリビングに集まり、木の家全体に響くピアノの音色に聞き入る。気持ちの良い吹き抜け空間は、家族団らんの大切な場所だ。

平日の昼下がりには、リビングが家事の合間に奥様が一息つくティータイムのスペースにも。「にぎやかな我が家も好きだけど、こうして落ち着ける時も大切にしたい」と語る奥様、結婚当初からご夫婦で少しずつ雑貨やインテリア、バリ風のちょっとアンティークな小物などを集めてきた。そうしたアイテムは現在、アクセントとして家の随所を彩り、落ち着ける空間の演出に一役買っている。

さらに、毎週やってくる子どものお友だちには、専用の部屋で奥様が書道の楽しさを教えている。ここで活躍するのは真っ白なマグネットの壁。子どもたちが思い思いに、のびのびと書いた作品が貼りだされ、奥様が「今日の一番」を選ぶ。真剣な稽古が終わると、賑やかなおやつの時間に。そんな書道部屋は、奥様が一人で自らの書道に没頭するクリエイティブな場所にもなっている。

2階のバルコニーでは土曜の夕暮れ時、太陽が山の向こうに沈んだあと、暗闇に沈む直前の美しい空が広がる「マジックアワー」の時間を過ごす。奥様の手料理とともにワインを味わい、1週間の出来事を報告する大切なひとときだ。バーベキューを楽しむこともあるという。「落ち着ける空間をつくりたい」というご夫婦の要望が、様々な形で実現した家になった。

「十分に時間をかけてもらいながら、丁寧に説明や打ち合わせを行ってもらえた。ただ漠然とした要望だったが、ホントに素敵な形にしてもらえたと思う」と語るご夫婦。「私たちの夢や想像をはるかに越える」という家は、木のぬくもりが家族に伝わって、住めば住むほどに愛着が増していく心地よさを感じる空間となっていた。

白鳥の湖
窓辺の花
百合の花
つぼみ
すみれ
さくら

YAMAHA

アウトドアを楽しむ家

（サイエンスホーム宮崎店）

玄関を入ると、ダイナミックな吹き抜けが広がる気持ちの良いリビング。真壁づくりの家ならではといえる木に囲まれた空間は、まるで山小屋のよう。シーリングファンがゆっくり回り、木の香りが漂う空間で、リビングの家族の声を聴きながら、ソファーで読書する至福のひとときは、楽しくも忙しい子育て世代のご夫婦に一服の清涼と癒やしを与えてくれる。

T邸のご夫婦は2人ともアウトドアが大好きで、週末になれば各地へ遠出をしていたという。今は1歳の息子さんと3人で、自宅の庭を眺められる、広いシェード・タープの付いたウッドデッキでアウトドア気分を楽しむ。段差のない畳の部屋も、小さな子どもがのびのびと遊べる楽しいスペースだ。

家を建てる際には「みんなが集える広いリビングが欲しい」と要望したご夫婦。広い吹き抜け空間の開放感は格別で、座卓を中心に家族が集まってくる。

また、キッチンに続くダイニングカウンターは、酒造メーカーに勤めるご主人のためにつくられたちょっぴり特別な空間。ちょうど階段下になるスペースに造作した棚には、お気に入りのボトルがずらりと並び、ちょっとしたバーのようだ。子どもを寝かしつけたあとは部屋の照明を落とし、カウンターの灯りで落ち着いた雰囲気に。キッチンに立つ奥様との語らいを楽しみながら、自慢のコレクションを心ゆくまで堪能する。

　家族それぞれが落ち着けるスペースを備えた、ひのきの香る空間での暮らし。ご夫婦は理想の家を探していた時にサイエンスホームの宮崎展示場を訪れ、夫婦揃って「この家だ！」と確信したという。「私たちの理想の木の家に出合えて本当に良かった。これからも住めば住むほど愛着がわく我が家の変化が楽しみ」と語るご夫婦は、これから続く子育ても、大好きな家とともに楽しめそうだ。

LOVE

LOVE
&
FREE

2 知る

「真壁づくりの家」を建てるまで

静岡県静岡市出身の鈴木さん（仮名）は、大学を卒業して都内の会社へ就職。電車で40分ほど離れた地域に、奥さんと幼稚園の年長になるお子さまと3人暮らしをしていました。

「小さくてもいいから、いずれは自分の家を持ちたい」と思っていたこともあって、これまでは2LDKの賃貸マンションに住んでいました。そんな矢先に、お父様が急逝。実家に一人残されたお母様が心配なこともあって、ご夫婦での話し合いの末に「実家を建て替えて、一緒に暮らそう」という結論になったようです。実家がある静岡市からは、新幹線を使えば今とほぼ変わらない時間で通勤が可能です。また、奥様の実家も静岡県内だったため、これまで以上に近くなるということもありました。

この考えを伝えると、大賛成といってくれた母。ありがたいことに嫁姑の仲が良く、家づくりも任せてもらうことができました。ここで鈴木さんの頭に浮かんだのは、「木の家を建てる」ということ。これは奥様の希望でもあり、お母様が長年暮らしてきたご実家の雰囲気も残しておきたかったからだそうです。それではここから、鈴木さんの目線で、家が建つまでのストーリーをご紹介しましょう。

1 まずは住宅展示場へGO!

私は以前から「家を建てたい」という気持ちがあったものの、いざとなると何から手をつけていいかわからず、何も行動できないままでした。でも、今回やっと家を建てるということが決まったため、妻にも協力してもらいながら、家づくりについて調べていくことにしました。

まずはイメージを具体化していくのが大切、ということで、夫婦でじっくり話し合いイメージを共有することにしました。はじめは、妻もただ漠然と「木の家に住みたい」と思っているのだと私は思いこんでいましたが、実は妻の頭のなかには、京都や城下町によく見られる町家風の家がしっかりイメージされていて、デザインはほぼ固まっているようでした。また、実家の土地は自己所有であることから費用はかからないにしても、今の家を解体する費用がかかることも再確認し、「できれば2000万円前後で抑えたい」と予算立てをしました。そうして具体的に物事を考えるようになると、やはり行動したくなるもので、住宅展示場へ足を運ぶことにしたのです。

秋の三連休を使って住宅展示場へ出かけることにした私たちは、何も準備せずに行ってしまうと営業マンに勧められるがまま買ってしまいそうな気もして、訪問するハウスメーカーを絞り込み、事前に予約を取ることにしました。また、何をいわれても即決しないことをあらかじめ夫婦で決め、お互いに約束をしました。

訪問するハウスメーカーの選定はずいぶん悩みましたが、話し合った末に

■頻繁にテレビCMを流している大手で、木の家が得意なイメージがあるA社

■坪単価当たりの安さをウリにしていて、木の家をつくった実績があるB社

の2社に絞り込みました。

いよいよ迎えた当日。事前に予約をしていたこともあって、訪れた2社とも入口には「Ｗｅｌｃｏｍｅ ｔｏ 鈴木ご夫妻」と名前入りのウェルカムボードが。そのあと、すぐに担当者から丁寧な挨拶があり、アンケートシートを記入、そしてモデルハウスの説明がはじまりました。Ａ社ではＣＭに起用しているタレントが登場する説明ムービーがあったり、触って確かめられる住宅設備などがあったりと盛りだくさんな内容。Ｂ社はＡ社のような派手さはないものの、聞き上手な担当者がリードしつつ家のイメージを具体化していく形でそれぞれ説明がありました。もちろん両社とも、見積書やローン返済シミュレーションまできちんと用意されていて、即決できるような準備をしていました。これは知人から聞いた話ですが、「家は一生に一度の大きな買い物」とはよくいうものの、即決するお客さんは一定数いるそう。そうなると担当者は短時間でどこまで信頼を得られるかが腕の見せどころであり、とくに買う意思をもっている予約客などを相手にする場合は、優秀な担当者がつくようです。

さて、鈴木さんは、夫婦間での約束通り即決はせず、「少し時間をいただいて検討します」といって展示場をあとにしました。先に訪れたB社は、説明の時に「他の会社さんにも予約している」と伝えていたこともあり、「いま他社の予約をキャンセルいただければオプション設備の追加費用をタダにする」と迫ってきましたが、それは相手に対しても失礼であり、比較しないのは大きなリスクにつながるため断りました。こういう事態は想定していませんでしたが、やはり事前準備が大切なようです。展示場をあとにしてからの車中では、お互いに感じたことを話し合いました。それをまとめると

A社 最新の設備を導入した機能性住宅がウリ。ランニングコストの安さを前面に出す代わりに、坪単価はB社より高めでトータルは3500万円。

B社 いわゆる標準的なデザインで家を建てるから坪単価は安め。必要に応じ2500万円超。

というものでした。

気になったのは、A社がいう機能性は「あったら快適だろうな、いいな」とは思うも

ものの、慎重に考えればそれほど必要ではないかも知れないと思い直してしまうものが多く、懐疑的な機能（お風呂が冷めない、エアコンの設定が緩めで十分快適など）も含まれていました。またB社は、必要とまではいかないものの重要な設備までオプション設定されているので、それが含まれた見積もりはA社とそれほど変わらない金額になっていました。

「なんだ、結局はどんなハウスメーカーでも一長一短があるのか」というのが展示場へ出かけた結論。それほど選択肢も多くないようで、あとはデザインと金額から選ぶだけだなと私たちは理解しました。

2 Instagramで一目惚れ!?

展示場へ出かけて2週間が経つ頃には、A社、B社とも返答を催促する連絡が届いていました。でも「なんとなく決めきれないな」と思っていた矢先に、妻は何気なく見ていたスマホを差し出してきました。

「ねえ、このおうちのデザイン、とってもオシャレじゃない？」と妻。スマホの画面はＩｎｓｔａｇｒａｍ（インスタグラム）で、そこにアップされた画像は町家風の家でした。「うわー、めっさ和のデザインって感じ」「同じ木の家でも、他の画像には西欧風とかかわいいデザインもあるんだね！」と何度も声を上げる妻。そこまでいうなら、と「ここも見に行こうか？」と私が聞くと、すぐに「うん」と妻が返事をしました。そこでアカウントから連絡先を探そうと見てみると、それはサイエンスホームという会社で、ＵＲＬをクリックすると、「無垢材・ひのき・真壁づくり・外張り断熱の家が１０００万円台～」と書かれたホームページが表示されました。これがホントなら最高だな。でも、どうなんだろうというのがその時の私の印象でした。

次の日曜。事前に連絡したサイエンスホームの担当者は、「モデルハウスだけでなく、実際に住まわれている方の感想も聞かれますか？」と、実際の家を訪問するコースを用意してくれるようでした。私は正直、ハウスメーカーの担当者がわざわざ協力するなんて、知人か、あるいは協力費をもらっているのだろうとも思いましたが、それでも「何かしら話が聞けるのなら、相手の表情を見て、本音かどうかわかりそうなものだ」と、担当者の提案に乗ることにしました。

訪問した家は、私たちと同じくらいのお子様がいるご家庭でした。「担当者さんのお知り合いですか？」と率直に疑問をぶつけると、「いえ、2年前に家を建ててからのつき合いです」と笑顔で返答。それから、担当者が親身になって家づくりの協力をしてくれたこと、建ててからも度々訪問してくれていることを話して下さり、とても感謝しているとのことでした。「ハウスメーカーなんて、家を建てたら、もうつき合いなんてないものだろう」と思っていた私は、とても驚き、感心しました。

その後も話を聞くと、どうやら家を建てる経緯も私たちと似ているようでした。まずは情報収集と思ってハウスメーカー数社を調べていたところサイエンスホームを知り、家のデザインに「一目惚れ」したとのこと。この一目惚れという言葉に妻も大いに反応して、奥さん同士で意気投合。それからは会話も大きく盛り上がりました。

私たちが想像していた通り、木の家は住み心地がよく、前までアレルギーを持っていた子どもたちも元気に暮らしているとのこと。間取りを大きくとっていても、エアコン1台で十分まかなえる気密性もあり、冬は温かく、夏は涼しいとのことでした。加えて、私たちはこの時にはじめて知ったのですが、町家のように、柱が見える建て方を「真壁づくり」といい、これこそが日本の古来からの工法ということでした。

いろいろな話をして、一番印象的だったのは住まわれている方の表情です。もちろん性格もあると思うのですが、心から楽しそうに家のこと、今の暮らしのことを話していました。普通なら会話のなかで出てきそうな「最初に言っていたことと、ぜんぜん違う」とか「ここは良いけど、ここだけはダメだよね」というネガティブな話も、何一つ出てこないということも踏まえると、「この方は、心から満足して住まわれているのだな」と実感しました。

それからモデルハウスへ移動して、説明を受けることに。ここで私が強く感じたのはゴール（目的）の違いでした。住宅展示場で出会ったA社、B社の担当者はともに「なんとかして、どんな家でもいいから建ててもらいたい」という本音が見えました。つまりは契約することが目的です。対してサイエンスホームの担当者は、開口一番「どんな家を建てたいですか？」との質問があり、以後も具体的な質問が続きました。同じ「家を建てる」というゴールであっても、こちらはお客様目線であり、お客様のニーズを実現するための相談という雰囲気。この第一印象にグッと引き込まれて、私たち夫婦はいろいろな質問に答えながら夢を膨らませることができました。そして「真壁づくりだとこんなメリットがある」「お客様の暮らしを考えると、こういった設備もいいと思う」「こんな部屋をつくったらどうでしょうか」と具体的な提案も受けることができ、あっという間に時間が過ぎていきました。

もう一つ、違いが感じられたのは家のデザインについて。街を歩くと「こんな外観の家、よく見かけるな」と思うこともありましたが、それは正解だったようで、数パターンのデザインで展開させているハウスメーカーも少なくないとのこと。しかしながらサイエンスホームは、すべて違うといっても過言ではないほど、それぞれの家が異なる外観となっていました。また、サイエンスホームは地元密着の工務店が加盟して営業していることがほとんどで、その土地の歴史や雰囲気にもマッチするデザインでした。

さあ、いよいよ肝心の見積もりに。私は「ここまで良いデザインで、さらに機能もA社に劣らない内容だから、高いだろうな」と思っていましたが、出てきた金額はB社よりも安い2300万円台でした。さらに担当者は「お子さまの成長を考えて子ども部屋を設計に加えていますが、サイエンスホームの家はあとからリフォームできるのも特長の一つ。今は思いっきり間取りを広くとって、子どもが自由に走り回れる空間にしてあげたらどうですか？」との提案も受け、その分さらにリーズナブルな価格となったのです。

私は正直驚いて、思わず「なぜこんなに安くなるんですか？」と聞いてしまいました。すると担当者は、サイエンスホームの真壁づくりの家は日本建築の伝統工法を守りながら、究極まで現場仕事を合理化したこと、この工法を駆使してサイエンスホームは「速く、安く、正確に」つくることが実現できたこと、使う材料も一括調達など工夫していることなどを教えてくれました。どちらかというと家づくりの費用は不明瞭なイメージがあるなかで、ここまで明確に内訳が説明でき、安さの秘密まで教えてくれる姿勢には信頼感を覚えたことはいうまでもありません。さらに妻も嬉々として家づくりの話をする担当者に好印象を受け、私たちはサイエンスホームにお任せすることにしました。

3 驚きの短工期で、小学校入学に「間に合った！」

建物の建築や工事などの契約を結んでからも、家を建てる静岡市へ建築確認申請をしたり、住宅ローンの申し込みをしたりと、やることはたくさんありました。なかなか仕事も忙しく、きっと一人だといつまでも前に進まなかったかも知れません。でも、こうした手続きもサイエンスホームの担当者がスケジュールやり方のフォローをしてくれて、ずいぶん楽に進められたと感じています。そして家を建てる工事がスタートしました。

以前に見積もりをとったA社もB社も、「注文住宅だから、1年以上かかりますよ」

といわれて諦めていましたが、私たちは少し急いでいました。というのも、子どもが来春から小学校へ通うため、タイミングがとても重要だったのです。それがサイエンスホームだと短工期で済むということで、うちの家も4カ月ほどで建つということでした。それも成約の大きな理由でありました。

母が住んでいた家を解体し、新しい家をつくる。長年住み慣れた家が変わることに、母は悲しむだろうと思っていました。しかし、それは私の勝手な思い込み。サイエンスホームの家を見て、母は完成を心待ちにしているようでした。

それから毎週末、私は建設現場を訪れました。自分の家が建つということに、大きな充実感と喜びを感じていたからです。そこで驚いたのは、建つスピードと廃棄物の少なさ。寸法を測ってノコギリで木材を切ったり、微妙に生じるスキマを埋めたりということはなく、見る度にピタリと建材同士がはまり、美しく組み上げられていきました。また、現場には木のいい香りが漂い、ご近所の方もたびたび見学されている姿が。その度に、いい買い物をしたと心から実感できました。

そして4カ月後――引き渡された家は、想像以上に美しく、温かな空間となっていました。もちろん、希望していた広い間取りのリビングは、年中快適に過ごせるよう空気が循環する空間に。母や子どもの安全も考え、段差が少ない設計で建てることもできました。ほかにも挙げればキリがありませんが、家中のどこを見ても「いいな」と思える家を建てることができました。

これもきっと、亡くなった父が私たちに遺してくれた幸せが形になったのだと思います。

3 学ぶ

知って納得！「真壁づくりの家」の基礎知識

古来から伝承された日本らしい「真壁づくり」の家

日本らしい家。そのイメージは人それぞれかも知れませんが、多くの人に共通するのは「木の家」です。そもそも木材は、日本のみならずアジアや欧米、アフリカなど世界中でメジャーな建材であり、生活を営むための拠点として人類の進歩とともに歩んできました。やがて人類は鉄や石油、コンクリートといった建材が得られるまでの技術革新を成し遂げ、今日ではいずれの先進国も「鉄骨造」「鉄筋コンクリート造」「木造」でほとんどの家が建てられるようになりました。こと日本においても鉄骨造、鉄筋コンクリート造は年々増加しているものの、シェアを見れば圧倒的に木造が占めている状態で、今後もこの傾向は維持されると見られています。

さて、木造の家は大きく分けると二つの工法が存在します。一つは木造枠組壁工法、もう一つは木造軸組工法です。前者については、ツーバイフォー（2×4）工法とも呼ばれ、同じ木造でも北欧などの海外メーカーの建物、ログハウスなどはこの工法を用います。一方、前者を除いた大部分の木造は、後者の工法を用いて建てています。

木造軸組工法について、歴史を紐解くと日本最古の木造建築物である「法隆寺」までさかのぼります。見解が異なる専門家もいますが、今日の木造軸組工法の源流がここにあります。家の軸となる柱と梁を組み、さらに筋交いを斜めに入れるというシンプルな工法ながら、この組み上げる技術の高さがしっかりした強度となって、日本の厳しい気候条件下でも何十年と耐えうる建物がつくられてきました。そして今日でも、多くの家がこの工法によって建てられています。

そうした木造の家のつくりを古い時代のものと見比べると、デザインの違いに気づく方も多いはずです。先の法隆寺や四天王寺、それから少し経った鎌倉時代の書院造、さらに時代が経った江戸時代の町家、そして戦前の民家などは「柱や壁がむき出しで見える家」ばかりですが、近年は「壁に覆われて柱が見えない家」が多くなっています。本書の主題である真壁づくりの家は前者で、古来から伝承されてきたものといえます。一方、後者は大壁づくりと呼ばれ、柱や壁を木材パネルなどで覆っています。両者を比較すると、古来からの真壁づくりで家を建てるということは、以前よりずっと少なくなりました。理由については、次節で解説していきたいと思います。

ちなみに、日本にはたくさんのハウスメーカーがあり、各地域に工務店があります。しかしながら、真壁づくりを前面に掲げてお客様に提案しているのはサイエンスホームだけといっても過言ではありません。

POINT

□日本では鉄骨造、鉄筋コンクリート造などがあるものの、数としては木造が圧倒的に多い

□木造の建物は、古くから伝承されてきた木造軸組工法と呼ばれる工法で建てられている

POINT

「木の家に住みたい」を真に叶えたい

「かつては真壁づくりの家が多かったのに、今は数だけでいえば大壁づくりの家に取って代わられているような状況、ということはやはり大壁づくりの家の方が優れているのでは？」と、読者のなかには思う方がいるかも知れません。確かに今、ほとんどのハウスメーカーは「木の家＝大壁づくりの家」として提案しています。でも、それが優れているという答えを出してしまうのは拙速でしょう。なぜなら、歴史的建造物や多くの人が訪れる寺院、伝統ある街並みに建つ町家などは、以前と変わらず真壁づくりで建てたり、リフォームしたりしているからです。本当に比較して優劣があるなら、おそらくこれらも大壁づくりに変更されていくと考えるのが自然でしょう。

さて、インターネット上に散見される真壁づくりと大壁づくりの比較記事を見ていくと「防火の点で大壁づくりの家が優れているため増えていった」旨の記述がありました。具体的には１９２３年の関東大震災で、地震後の二次被害として火災が発生してしまったことを教訓として、より燃えにくい大壁づくりで建てるようになったという背景があります。しかし今では技術革新が進み、諸手を挙げて正解とはいいがたいものになっています。確かにかつての時代には、柱や梁、壁に不燃性加工を施すのが難しく、その当時に存在していた不燃性パネルで覆うということが有効だったと思います。ただ、今となっては柱や梁、壁を含めて、今使われている真壁づくりの建材は不燃性のものを使っています。そして、むしろ大壁づくりの方が、火災が発生してしまった時にパネルの上に貼ったクロスから有毒ガスが発生する、漏電などで覆っている内部から火災が起こってしまうというリスクも想定されるでしょう。いずれにしても今日では両者とも遜色はないといえます。

その上で、ハウスメーカーが大壁づくりの家を提案する理由として考えられるのは、職人が不足しているということです。一般的な建材を用いて真壁づくりの家を建てるとなれば、柱と壁がピタリと合うように組む技術力が不可欠。一定以上の熟練度が必要といえるでしょう。そうした職人でも微調整には時間を要しますから、その分だけ人件費が発生します。対して大壁づくりの家は、柱と壁、また窓や扉のまわりには額縁状の板をはめ込ませています。これが接合具合を調整しているのはいうまでもありません。現場では建材を切断したり、微調整したりといった作業は発生しますが、真壁づくりほどの熟練度がなくても、工期も比較的短くなるため、結局は大壁づくりを提案することになります。

「真壁づくりの家が気に入ったから、いくらお金をかけてでもつくりたい」となれば問題ありませんが、現実は決してそううまくいくものではありません。業界としては大なり小なり価格を重視するところはあり、ハウスメーカーとして坪単価が高い商品は、提案しにくいといえます。サイエンスホームは造作物、建材などを共通化し、自社制作することで材料費を抑え、作業手順を検証し、現場作業の徹底した標準化をして短工期で家を建てることで、人件費も抑制しています。だからこそ、他社での真壁づくりでは成し得ない坪単価が実現しているといえます。

それでは次項からは、真壁づくりの家の特長、メリットについて見ていきましょう。

POINT

□木造には「真壁づくり」と「大壁づくり」がある
□真壁づくりは伝統ある建て方だが、最近は減少。代わって大壁づくりの家が増えている
□一般的に真壁づくりの家は割高といわれるが、サイエンスホームは自社システムによってコストダウンを実現

真壁づくりの特長① 森で暮らしているような木の香りと暖かさ

「ひのきのいい香り！」――サイエンスホームの家を初訪問した方からは、こんな声が聞こえてきます。そんな大袈裟な、と思う方がいるかも知れませんが、他の家と比べれば差は歴然。国産ひのきをふんだんに使い、真壁づくりで建てられた家だからこそ為せる業といえるでしょう。ひのきの特性を知っている人はわかると思いますが、この香

りがリラックス、癒やしの効果を引き出します。また、木材としても強度があり、さらに腐朽菌にも強く、シロアリやダニにも攻撃されにくい抗菌性・防虫性があります。これらの効果は半永久的に続くと考えれば、サイエンスホームの家もいつまでも美しく、長持ちすることは想像に難くありません。また、香りとは少し異なるものの、ヒバやクスノキ、サクラなどの木材はフィトンチッドと呼ばれる揮発性物質が放出するため、有害な微生物や害虫から身を守り、人の自律神経を安定させ、癒やしの効果をもたらすといわれています。

空間の隅々を見渡せば、柱や梁、無垢の床、家具などに木を見ることができ、無機質なコンクリートや人工的なクロス材にはない自然のぬくもりを感じ取ることができそうです。また感じ取ることができませんが、家に差し込む光も、木に反射すると紫外線が軽減されるということもわかってきました。そして耳。聞こえてくる人の声や生活音も、この空間のなかではどことなく優しい、やわらかな反響があります。こうした雰囲気は森林にも近いものがあり、いわば毎日の暮らしで森林浴をしているといってもいいかも知れません。

これは森林浴に関するデータですが、一つの実験が行われました。それは11年間、62カ所で744人を対象として、街中と森林それぞれの体の様子を比較しました。結果、平均でストレスホルモンと呼ばれるコルチゾールが12・4%、脈拍数は5・8%、最高血圧は1・4%下がりました。これは交感神経活動が優位である現代において、森林浴が副交感神経の活動を刺激し、バランスの均衡を保つことにつながっていることを示すデータといえます。この森林浴は、室内で森を見ている、自然を感じているだけでも同様の効果が期待できるそうです。そう考えれば、「毎日の暮らしで森林浴をしている」という表現も納得できるでしょう。

さらに柱や無垢の床、家具などに触れることでも、木らしい柔らかさ、暖かみを感じることもできるでしょう。サイエンスホームのモデルルームでは、訪れた子どもたちがいつしか裸足になって室内を駆け回っているという光景をよく見かけますが、その姿に子どもたちの正直さを感じるというご両親の声もあるほど。体のすみずみで木を感じられる家だからこそ、「木の家に住みたい」とのニーズをすべて内包しているといえるのではないでしょうか。

POINT

□真壁づくりの家は、木のぬくもりを五感で感じることができる
□健康に良いとされる森林浴は、真壁づくりの家のように身近で感じるだけでも効果あり

真壁づくりの特長② 地域の慣習も取り入れ、災害に強い家に

本書を執筆している2019年10月には台風19号（ハギビス）が東日本に襲来し、広範な地域に甚大な被害を及ぼしました。さらに前月には台風15号によって千葉県で大規模停電が発生。前年は大阪北部や北海道の地震、西日本豪雨、台風21号（チェービー）が襲来するなど、もはや日本のどの地域にいても、いつ自然災害に遭遇するかわからない状況となっています。

こうした自然災害の脅威に対し、ハウスメーカーでは「災害に強い家」あるいは「災

害発生時の生活をバックアップする機能性住宅」を前面に出した展開をしています。詳細は省きますが、鉄骨造や鉄筋コンクリート造の家を建てるメーカーは、木造は災害に弱いという前提で説明をすることもあるようです。確かに鉄やコンクリートといった素材と比べれば、木は弱いイメージがあります。しかしながら、木は風や地震の揺れといった外部からの力を受け流すしなやかさがあるということを強調しておきたいと思います。

一つ実例を示しましょう。サイエンスホームでは2018年に、沖縄県で真壁づくりの家を建てました。沖縄といえば、台風銀座とも呼ばれる土地であり、2018年までの過去10年間で台風が最接近した平均個数は24・5個／年となっています。そのため沖縄では鉄筋コンクリート造の家が多く、木造の家はほとんどありません。しかし、それでもお客様からの要望があり、町家風の家を建てることになりました。

この家の完成後、本書が発刊されるまでに、既に数十個もの台風が襲来しています。すべてではありませんが、暴風雨の警報もしばしば発令されます。しかしながら、家はまったく損壊せず持ちこたえました。ほかにも日本では各地に、風が強く吹く土地がありますが、その地域に建つサイエンスホームの真壁づくりの家は損壊することなく建っています。その理由は何か。一つは、木造軸組工法によって強靱に建てられているからでしょう。そしてもう一つは、サイエンスホームの真壁づくりの家がメーターモジュールで建てられているということ。加えて土地の形がどうであれ、サイエンスホームは四角い構造の家を提案し設計します。この独自設計により、壁に面した柱の数は尺モジュールの1・3倍に。柱の数が多いほど、支える力が分散でき、より強い外部の力にも耐えうる家となるのです。

次に、地震はどうでしょうか。揺れにもタテとヨコがありますが、多くはこれがほぼ同時に起こります。これによって家の構造は変形し、場合によっては倒壊する可能性もあります。しかしながら真壁づくりの家は、先の通り、木のしなやかさによって、変形してもその分だけ復元しようという力が働きます。さらには、サイエンスホームが建てる真壁の家は、軸組のフレームにパネルを貼り合わせたハイブリッド工法を採用しており、強靱さを付加しています。また、これは豪雪の場合も同じですが、屋根の重さによっては変形の度合いが大きくなります。これも真壁づくりの家は屋根部分もシンプルな構造となっているため比較的軽く、先の風と同様に損壊することはありません。

もう一つ、近年の災害で特徴的なのが局地的かつ短時間での大量降雨によって引き起こされる浸水被害です。とくに台風19号の通過時には、本来は河川の流域を浸水被害させない為に設置されたはずのダムが決壊の危機に直面し、緊急放流をせざるを得ないということもありました。家を建てる際にはハザードマップを確認することも重要視されていますが、これに関わらず、他の災害と同様に「いつ起こってもおかしくない」という意識が大切でしょう。さて、そうした浸水に対して真壁づくりの家はどうなのでしょうか。まず浸水自体については、家がどのような構造であろうと、多少の被害は生じます。そして、浸水直後の片付けや消毒剤の配布といったことも同様でしょう。

問題は、災害が起こって数週間以上経ったあとです。よくいわれるのは、濡れてしまった建材が乾かず、カビが発生してしまう、腐食してしまうということでしょう。これは調湿性能が大きく左右します。真壁づくりの家は、壁も柱も呼吸するかのように調湿をするため、この点は安心といえます。また、腐食についても、ひのきをはじめとした建材用の木は腐食に強い材質を使っています。ほか、配管なども補修しやすい、床下や壁の状態などを目視できるといった点も優れているといえるでしょう。

さて、災害に強い家づくりについては、地元密着の工務店もノウハウを有しています。そもそも、その土地の気候に合わせた建て方をしてきた経験もあって、全国展開するハウスメーカーには真似できない、まさにかゆいところに手が届く提案ができるのです。施主としても、災害発生時を含めて、何かあった時に地元ですぐ対応してくれる工務店とのつながりはとても大切です。サイエンスホームに加盟するサイエンスホームグループ各社では、真壁づくりの家をサイエンスホームの造作物・建材で建てることは決まっていますが、細部に至るオプション設計は加盟する各社に委ねています。例えば寒冷地や豪雪地帯では、二重窓にしたり、断熱材を厚く巻いたりします。また台風の通り道とよばれる地域では、風を一側面から受けすぎないようにする設計や浸水を防ぐための土地のかさ上げ、窓の設置場所の工夫などを行います。ビジネスにとどまらないサイエンスホームと地元工務店との連携は、お客様にとっても有益な形で作用しているのです。

POINT

□サイエンスホームは真壁づくりの家を進化させ、災害に強い家を生み出した
□近年増えている浸水被害にも、木の強みや調湿効果によって復元力が期待できる

真壁づくりの特長③ 高気密＆外張り断熱が生む快適さ

「木の家を建てたい」というお客様にとっては、高機能住宅によく見られるＩｏＴ設備やＺＥＨ対応設備は不要かも知れません。しかし、長期にわたって生活していくことを考えれば、快適な空間をつくり出すための温度・湿度の管理機能、水道光熱費を抑えられる高気密性・断熱性は欲しい機能の一つでしょう。しかしながら、従来の真壁づくりの家は、大壁づくりのような多層構造ではなく、壁も薄いため、気密性・断熱性はやや苦手とするところでした。

これに対してサイエンスホームでは、壁を石膏ボード（内側）と断熱材（外張り）の二重構造にすることで気密性と断熱性を向上させました。いうなれば、魔法びんのように家を断熱材で包み込む構造とすることで、内側の熱を外に放出せず、外側の熱を内側に伝導させないようにしたのです。また、柱と壁、壁と窓枠といったスキマができやすい部分も、高い技術を有する職人の手によってピタリと接合させ、外気の侵入を防いでいます。

これら技術は真壁づくりの家を多数建ててきた職人の手によって生まれたものですが、それでも高い技術力を要します。また、その技術はサイエンスホームグループの加盟店が依頼する地元の職人の手に委ねられている部分でもあります。サイエンスホームとしては社内でコンテストを実施し、毎年高いレベルで競い合いながら全体の技術力向上を図っていますが、ここにも加盟店と職人との厚い信頼関係を見ることができます。

加えて空間の快適さは、その土地の気候、地域の特性を活かすことも重要です。こうした部分も、サイエンスホームグループの各店が工夫を凝らしてお客様に提案することもあります。例えば断熱材の量やエアコンの設置位置・台数なども、地域ごと、また家の広さや間取りに合わせた最適値があるのです。こうした部分もお客様に丁寧に説明をすることで、より快適な空間づくりができ、お客様満足度の向上にも一役買っています。

POINT
□高機能性は不要でも、長期で生活していくことを考えれば気密性・断熱性は重要
□サイエンスホームは理論と経験に基づく自社設計で、高気密&外張り断熱の真壁づくりの家を開発した

真壁づくりの特長④　デザイン、リフォームの自在性

真壁づくりの家は、柱や壁、梁、格子などがつくり出すデザイン性の高さが特徴的。これを前面に出すサイエンスホームの家が、お客様に「この家が良い！」と一目惚れされるのも理解できるところです。このデザイン自体も自分好みにオーダーすることが可能で、伝統的な和のテイストはもちろん、現代らしい和モダン、お屋敷のようなゴージャ

スな雰囲気、北欧のアンティーク調など、注文住宅ならではのこだわりが反映できる点が魅力です。これを可能にするのが、使う木材や住宅設備の豊富なラインナップ。組み合わせは何万通りにもなるため、それがデザインの多様性へとつながり、見る側にとっては「一軒ごとにデザインが違う」という印象へとつながっています。

また、リフォームについても真壁づくりの家は、大壁づくり、また鉄骨造や鉄筋コンクリート造と比べても「やりやすい」といわれます。主な理由としては

■木造軸組工法は、大黒柱や梁で家全体を支える構造になっているため、間仕切り壁の増設が自在にできる

■柱や壁が見える工法のため、内装費が抑えられる

■塗装剤や内装用の接着剤といった薬剤を使わないため、生活を続けながら工事をする際にも安心

などがあります。このリフォームのしやすさを活用し、サイエンスホームではまず現状の生活に必要な空間設計にし、以降は子どもの成長や住む人の増減に合わせてリフォームを都度行うという方法も伝えています。これによって初期費用の負担を抑え、

「せっかく家を建てたのに、生活が苦しい」ということにならないようリスク回避の提案をしています。

POINT

□真壁づくりの家は、伝統的な和のデザインだけでなく、お屋敷のような豪華な部屋、北欧のアンティーク調などのテイストも可能

□真壁づくりの家は、壁の追加も容易でリフォームしやすいため、現時点のライフスタイルに合った必要なものだけで施工することが可能

本来は高い真壁づくりが手頃になった理由

先述の通り、サイエンスホームではメーターモジュールで真壁づくりの家を建てています。このメーターモジュールで建てることができるハウスメーカーはいくつかあるものの、営業マンがわざわざ提案して建てるということは少なく、それに対応した造作物・

建材も一般的には数が少ないといえます。

サイエンスホームを創立した加納社長は、それをわかった上でメーターモジュールにこだわりました。詳細は第二部に記しますが、お客様目線からの取り組みでした。ただ、だからといって尺モジュールで建てられた家より割高になれば、それはお客様にとっても不利益です。そこで考えられたのが

■メーターモジュールの部品点数を標準化・合理化し大工工程の大幅な工期短縮が実現した

■建材を大量消費できるよう全国に加盟店を拡大

ということだったのです。結果、1軒当たりの材料費を大幅に抑えることができたのです。

価格を抑えることができた大きな要因は短工期です。多くの業種・分野と同様に、家を建てる原価に占める人件費のウエイトはかなり大きなものがあります。これを防ぐには職人の数あるいは時間を抑えるしかありません。

ここで大きなあと押しとなったのが、先の通り建材を自社設計で大量生産したことで

す。これにより、様々なメーカーの建材を組み合わせて建てる尺モジュールの家とは比較にならないほど、サイエンスホームの家はスムーズに作業が進みます。柱と壁、壁と壁が接続する箇所でもピタリと合い、美しく接合します。これができるということは、現場で調整するために切断や加工をする手間もなく、その分早く作業が進むのです。その積み重ねによって、人件費を大きく抑えることができ、驚くべく短工期で家を建てることができるようになりました。こうして坪単価は大壁づくりの家よりも安く、さらに一般的な真壁づくりの家と比べても50％程度に抑えられました。そして、弊社ホームページ記載の「国産ひのきの家が１０００万円台～」という価格が実現したのです。

POINT

□サイエンスホームはメーターモジュールの建材を自社で一括生産
□徹底した標準化が為された工法で短工期を実現。お客様への販売価格を抑えることに成功した

職人も納得の家が建つ利点の大きさ

最後にご紹介しておきたいのは、真壁づくりの家を建てる職人さんのこと。職人と一口にいっても、大工やとび、左官職人、電気工事士など様々な方が家づくりに携わります。これら家づくりのプロは、様々なハウスメーカーまた工務店などの仕事をし、経験を重ねていくもの。そのなかで、口に出さなくとも、家ごとに良し悪しを感じていることでしょう。こうした方々にじっくり話を聞くと、出てくるのはサイエンスホームの良い評判。これは第二部のインタビューでも各所に出てくる話です。

職人が良いと思う点は様々あります。仕事をする側としては、

■比較的短期間に報酬が得られる
■真壁づくりでありながら、手間が少なく、作業がしやすい

といったことは大きなメリットでしょう。お客様にはあまり関係がない話ですが、作業費の値引きや工期遅延を巻き返すための残業といった無理を強いる会社もあります。

サイエンスホームはそれがないため、職人が定着しているのです。

でも、それ以上に手応えを感じているのが「職人が本音で『いい家だ』」といっているということ。真壁づくりの家の美しい空間デザイン、肌感触でわかる木材の質の良さから、こうした感想が聞こえてくるのだと思います。そんな家を建てるとなれば、プロといえども感情や意識といった目に見えない部分で違いが出てくることも想像できそうです。プロが心から気持ちよく仕事をして建てられた家。そんな家に住むということも、お客様満足度の高さにつながっているのかも知れません。

POINT

□短工期で作業をしやすい家は職人にも好まれる
□職人のプロの目から「いい家」と評されるのがサイエンスホームの真壁の家

POINT

まとめ

ここまでは真壁づくりの家について、歴史や大壁づくりの家との比較、真壁づくりの家にこだわってきたサイエンスホームならではの仕組みについて綴ってきました。これらをまとめると、真壁づくりの家は

■もっとも木の家らしいデザイン、空間で建てられる
■毎日森林浴をしているような感覚で、癒やしやリフレッシュ効果が得られる
■災害にも強く、気密性・断熱性にも優れている
■リフォームしやすく、デザインも自在
■職人も納得の高品質な家が建てられる

といった特長があり、注文住宅を建てようと考える方のうち、「木の家に住みたい」という方はもちろんのこと、自然に近い住環境を整えたい、コストを抑えて気密性・断熱性に富んだ家に住みたいという人も、真壁づくりの家が選択肢として数えられるので

はないでしょうか。

加えてサイエンスホームは、真壁づくりの家をブランドとして掲げ、全国各地に施工してきました。トップメーカーとして、高品質な家を驚きの価格で提供してきた多数の実績により、今では住宅だけでなく、店舗や医療施設を施工するなど裾野を広げています。今後もさらに加盟店を増やしながら、必要とされるお客様に真壁づくりの家を提供し続けます。

第二部

CHAPTER2

1　サイエンスホームがお客様に選ばれる「5つの理由」

2　サイエンスホームが地域No・1工務店に選ばれる理由
――加盟店インタビュー――

1 サイエンスホームがお客様に選ばれる「5つの理由」

国土交通省「住宅着工統計」の推移を見ると、バブル景気の最終盤である1989年には167万戸だったものが、リーマンショックが起こった翌2008年には100万戸を切り、2018年には95万戸にまで減少。今後についても、予測値を公表するシンクタンク各社はいずれも減少傾向としています。そうした背景からハウスメーカー各社は激しい受注獲得競争を続けており、まさに限られたパイの奪い合いが生じています。

そうしたなかで、なぜ真壁づくりの家をつくるサイエンスホームが、多くのお客様を魅了し、選ばれ続けているのか。ここではお客様からの声や関わりをもとに、サイエンスホームとして考えている「選ばれる理由」を紹介していきたいと思います。

選ばれる理由1 自然や懐かしさを最も感じられる家であること

サイエンスホームが選ばれる理由――最たるものは、木の家らしさが際立つことにあるといえます。「木の家に住みたい」と思って大手ハウスメーカーに問い合わせたとしても、見せられるカタログに並ぶのは同じような外観の家と、お決まりの和室。その和室も、木製パネルで柱を覆っていたり、風合いを合わせた壁紙を貼っていたりするだけで、五感で木に触れるという感覚には至りません。せいぜいオプションで無垢の床板が選べる程度でしょう。これでは残念ながら、日本人が誇りとする文化遺産や神社・仏閣、町家にあるような日本らしさと自然との調和を感じることはできません。これは木造であっても、お客様がイメージする「木の家」とは異なるのです。

そんななかで、偶然にもサイエンスホームと出合えたお客様はどうでしょうか。真壁づくりの家を見た方の多くは「あっ、これだ！」と声を上げられます。その度に私たちは「今まさに求められている木の家を建てることができているのだな」と再確認することができるのです。こうしたことは、家を売る営業マン、担当者はよく理解しているはずです。それでも真壁づくりの家を提案しないということは、そのハウスメーカーに

■真壁づくりの家を建てられる職人がまわりにいない
■そもそも真壁づくりの家の坪単価が高いので売れないと思い込んでいる

のどちらかである可能性が高いといえます。

しかしながらサイエンスホームは、建てた真壁づくりの家がまもなく1500棟を超えます。ありがたいことに、真壁づくりの家は名実ともにトップメーカーです。さらに今後お客様になっていただける可能性が高い、問い合わせを寄せられるお客様の数も月間で1000件を超えています。そうした現況を鑑みれば、私たちはまだまだ多くの家を建てていく社会的使命があるな、と実感しています。

さて、私たちがお客様から「真壁づくりの家って、どんな雰囲気なの？」と聞かれる

時に例として挙げるのが、二条城の二の丸御殿です。部屋の壁には等間隔で柱や梁が見えていて、頭上には格子状の天井が美しいデザインとなっています。さすが世界遺産にも認定された建物は豪華絢爛で、江戸時代に栄華を極めた将軍家のイメージとも合うことから映画の撮影場所としても頻繁に使われています。内部を見学された経験がある方、また写真を見てピンときた方も多いのではないでしょうか。

ここで思い返していただきたいのが、この二の丸御殿をはじめとして、日本各地にある城や屋敷、神社・仏閣のほとんどが真壁づくりで建てられているということです。つまり、真壁づくりは古くからスタンダートだったといえるでしょう。それから時代が過ぎ、日本は戦争を経験しました。残念ながら都市部は空襲などの影響で多くの家が焼失。その後に家が再建されていきますが、この頃には壁や柱を木製パネルで覆った大壁づくりの家が増えていたため、真壁づくりの家は少なくなっていきました。一方で郊外や地方では真壁づくりの家が戦禍を免れ、引き続き長く住まれていきました。

本書をお読みの皆様の年代、住んでいた地域によっても違いがありますが、昔住んでいた実家や親類の家を思い出してみて、柱や壁、梁が見えている空間だったとすれば、そこは真壁づくりの家だったと想像できます。「柱の傷はおととしの～」という歌が有名ですが、大黒柱に背をあてて身長を測り、傷をつけて記録した思い出がある人も少なくないでしょう。当時はエアコンを動かすのも夏の暑い時くらいで、冬はスキマ風を耐えながらストーブやこたつで暖を取るような状態だったかも知れません。でも、無垢の床やゴツゴツした柱には自然らしさが見え、どことなく木のやわらかな感触があり、空間を反響する音が聞こえてきます。こうした自然とのふれあいがあるだけでも、森林浴をすることと同じレベルの癒やし、リフレッシュ効果が得られるともいわれています。

これは住宅業界の関係者によく知られたデータですが、木製・金属製・コンクリート製のゲージ内にマウスを入れて20日間飼育をしたところ、木製ゲージのマウスは他のゲージより高い生存率となったそうです。原因については諸説ありますが、シンプルに考えても自然のなかで生きるということの大切さがわかると思います。見た目の美しさや利便性を大切にするのは自由としても、長く暮らすのであれば自然に近い状態、すなわち真壁づくりの家を選んだ方がいいことは明白といえるでしょう。

さて、ここで私自身の経歴について少し触れさせていただきたいと思います。出身は石川県の片田舎で、家業は工務店だったことから「いつかは親父と大工仕事をするのかな」と子どもながらに考えていたことを覚えています。しかし、私が高校の時に親父が廃業したことから地元のハウスメーカーへ就職。こうなると実家にいる親父とは違った考えや意見を持つようになり、あえて実家を離れ転勤したいと願い出ました。

それから名古屋、浜松と支店を異動しながら営業マンとして働き、25歳で営業成績が全国トップに。当時で年間21棟の受注を獲得しました。その後は独立し、折々に出会った方と事業をともにしながら、常にお客様に最適な提案をし続けてきました。ここまでに建てた家の数は何百にも上りますし、見てきた家の数、また関わらせていただいたお客様の数も何千、何万といらっしゃいます。そうしたなかで「やっぱり木の家だな」「木の家でも、真壁づくりの家がいいな」と考えながら、私は2011年にサイエンスホームを立ち上げました。家づくりに長く関わってきた一人として、導き出した答えが「真壁づくりの家」です。それを熱く、自信を持って語らせていただくからこそ、お客様に選ばれるようになったと考えています。

選ばれる理由2 真壁づくりの家を建てるトップメーカーであること

日本らしく、自然のぬくもりが感じられる真壁づくりの家。業界的には坪単価が高いイメージを持たれていますが、私はむしろ価格が安くて高品質な家をつくると決め、創意工夫を重ねてきました。現在は独自の建材加工システム、工法などを確立しましたが、私としては、まだまだやれることがあるとの想いがあり、日々あふれ出るアイデアを形にするべく挑戦し続けています。

さて、サイエンスホームは前身のサイエンスウッド時代から数えても十数年というところですが、「真壁づくりの家」をブランドとするトップメーカーに成長できました。大手ハウスメーカーや地方の中堅工務店のように、多数の商品を取りそろえることをあえてせず、ただひとすじに真壁づくりの家をつくってきた結果、それが圧倒的な差別化につながったと自負しています。これによって、営業マンは「木の家に住みたい」というお客様に集中して関わることができ、お客様も具体的な相談からスタートすることが大きなメリットといえます。

近年は家を建てるお客様も、ランニングコストの圧縮やBCP対策を目的として、エネルギー関連の住宅設備に注目しています。従来からあるHEMSや蓄電池、エネファームに加えて、スマートリモコンやAIスピーカーといったIoT技術の活用もはじまりました。営業マンは、これら最新技術も把握して提供できるのが理想ですが、残念ながらお客様の方が理解が深いケースもあるようです。

こうした点でサイエンスホームは、真壁づくりの家を建てたいというお客様の相談に応じることになるため、あまりに高機能・多機能を求めるお客様と接触することはほとんどなくなります。むしろ専門家として家の話に集中することができ、その上で木の家にあった最新技術を取り入れた提案が可能です。

また、お客様にとっても、家族構成や予算、理想のイメージなどを話すだけで、経験豊富な営業マンが次のような具体的な内容を提示し、検討するようアドバイスをすることもあります。例えば、

■基本設計や建材の説明
■オプションの提案
■総額や月々の支払いシミュレーション
■竣工までの工期スケジュール

などが挙げられますが、いずれも事前に検討することができれば、トータルでみても負担や時間のロスが比較的少なく済むのです。

1カ月で1000件を超えるサイエンスホームへの問い合わせのなかには、複数の会社に一括で資料を請求するお客様、他のハウスメーカーと相見積もりをとるために問い合わせをするお客様もいます。しかし、ほとんどは問い合わせの時点で「木の家を建てたい」という明確な意思を持っていらっしゃるようです。そのため「家を建てたいがどうすればいいの?」とか、気分や思いつきで問い合わせをするお客様を相手にすることがほとんどなく、会社としてもそこに労力を割く必要がありません。ありがたいことに、サイエンスホームは最初の段階からお客様に選んでいただいているのです。そうなれば話が早いもので、具体的な相談をすぐにはじめることができるのです。

そしてもう一つ、いま挑戦していることはエイジングの価値が認知されていくことです。最近では革製品などで「使うほどに風合いが出て、価値が上がる」というものが出てきましたが、家については残念ながら新築の時点が価格も価値も頂点であり、以後は年を重ねる度に価値が目減りするというのがほとんどです。これも理由は諸説ありますが、建っている家を見ていると年々建材の質が全体的に低下し「それほどお金をかけずに建てた」家が増えてきた結果、長く住むことが難しくなってきたということはあるでしょう。

しかし目を海外に向けると、事情は少し異なります。

これは私が若い頃のエピソードですが、あるハウスメーカーを退職した際に、海外で生活したいと思い立って、アメリカ・ロサンゼルス郊外で1カ月間ほどアパートを借りて暮らしました。

ある日、友だちになった現地の方にバーベキューに招かれました。遅れてはいけないから、と早く出ると到着がかなり早くなってしまいました。会場である家で一人待っていると、ちょうど住人の方が壁にペンキを塗っていて、どうやら補修をしているようでした。聞けばアメリカは、自分の家を自ら補修する文化が根付いていて、ホームセンターにも用具が多数売られていました。この家は、現地でよく見かける車庫・プール付きで敷地の広さは150坪ほど、家屋は3LDKで35坪くらいでした。ついクセで、いくらかを尋ねてみると、返ってきたのは「築18年で1900万円くらい(当時の日本円換算)」との答えでした。

それからしばらくして周辺を散歩していると、招かれた家と同じ150坪で、同じ間取りの新築が2100万円で売りに出されていました。築18年の中古住宅と比べると、値段の差はわずか200万円ほど。おそらく土地の値段くらいしか出ないことが多い日本の中古住宅とはずいぶん違うことに驚きました。

他方、日本でも古民家の再生や古材の売買が少しずつ広がりを見せています。そもそも家は、手入れをしていれば長く保つことができるものです。歴史的建造物だから特別、ということはないでしょう。真壁づくりの家も、適切な時期に手入れをしていくことで、その家にしかない風合いが出てくると思うのです。また、ライフスタイルの変化に合わせて間取りを変えることも、真壁づくりの家なら比較的容易にできます。

建てては壊すという日本の住宅文化が、真壁づくりの家によって少しでも変わり、一生涯住める家が増えていくことを願いつつ、この点でも私たちは研究を続けていきたいと思っています。

選ばれる理由3 お客様の目線で物事を考えていること

私は以前に「とにかく良い家をつくれば売れる！」と考えていた時期があります。これは正しいといえますが、すべてではないともいえます。一つ例を挙げてみます。

ある日、職場の近くにうどん店がオープンしました。ダシの香りに誘われて、ランチタイムは初日から長蛇の列ができていました。さっそく店を利用した同僚は「ダシも味わいがよくて、麺にもコシがある。これは人気が出るんじゃないか」とのこと。でも、ひとりだけ態度が良くない店員がいて、ちょっと気になったといっていました。

その翌日、私は行列に並んで店へ入りました。並んでいる途中からオーダーを聞くシステムになっていて、店に入って着席したらすぐにうどんが出てきます。それでも麺がのびていないことに驚き、味はもとよりタイミングの良さが好印象として記憶に残りました。これに気を良くした私は、さらに3日ほど経って再来店。この時にある出来事がありました。

この日も行列ができていて、入店前にオーダーを聞かれました。そして着席すると、以前と同じく良いタイミングでうどんが出てきたのです。

ここまでは良かったのですが、うどんを運んできた店員は忙しかったのか、少し雑に鉢を置いていったのです。その場は気にしないようにして美味しくうどんを食べましたが、以後はなんとなく気が乗らなくなってしまい、店に行くことは二度とありませんでした。

それから2カ月ほどして、うどん店は閉店しました。あれほど美味しかったのに。その理由は定かではないですが、私はふと注意した店員が思い浮かびました。

この話からもわかる通り、人は物よりも人によって感情を動かし、判断をするものです。家も同じで、家の品質はもちろん大切ですが、それ以上に担当者の人間力によって、お客様が判断をするところもあるのです。かつて私は実験的に「真壁づくりの家を売った経験はないが、他では優秀といわれてきた営業マン」が一定期間でどれくらい家を売るのか、日頃から真壁づくりの家を売る当社既存の営業マンと比較することにしました。すると優秀と言われる営業マンの方が、日頃から真壁づくりの家を売る営業マンよりも売上を伸ばす結果となったのです。つまり営業マンは、家の品質の良さや家の知識だけに甘えることなく、人間力をもってお客様のための提案をすることが大切なのです。

さて、こうした営業マンのアクションにも通じるのですが、お客様の目線で物事を考えるのは非常に重要です。時には業界の常識であっても、覆さなければならないことがあります。その一つが、上棟式です。

ちょうど10年前のある時、上棟式を行う直前になって、お客様のご親族に激怒されたことがあります。この時は梅雨の時期で、式の直前には小雨がパラついていました。でも、関係者が多数参加していたこと、そして上棟式で例え雨が降ったとしても内部はすぐに乾燥するということが業界で常識だったこともあり、気にすることもなくお客様へ開催のアナウンスをしたのでした。

しかしここで、施主のお客様のお父様から、「まるで濡れたごはんを食べさせられるようだ。あんたは濡らされたごはんを買えるのか」というクレームが入ったのです。いやなことをいうなあ。そう思いながらも、なんとか場を収めました。ただ、式が終わってからも気になっていた私は、お客様情報を確認してみました。すると、なんとクレームを入れた張本人は、「私どもは一切、木材を濡らしません」との文言を掲げた建設会社の社長さんであることがわかったのです。

濡らさないなんて、できるのか。私はこの言葉が気になって、翌日には連絡を取りました。そして次の週末には、話を聞きにいくことにしました。

この建設会社は、商圏を半径15キロに絞り込み、年間50棟しか建てないという独創的な社内ルールを設けていました。これはお客様のために尽くすという目的があってのことだそうですが、非常にわかりやすい表現です。ほかにも

■商圏内で建てられたお客様を地図に書き込む

■上棟式を行う日のピンポイント天気予報、降水確率を専門会社にリサーチしておく

■万一、雨が降った場合に備えて厚いビニールシートを用意しておく

といった、見える形でのアクションを行っていました。これらの実効性の有無についてはさておき、お客様は「そこまで考えてくれている」という姿勢に喜び、感動することでしょう。そんな取り組みを聞き、帰路についていた時に「そうか、これだ！」と私は一つの考えをひらめきました。この時点ではまだ新幹線の車中でしたが、いても立ってもいられなくなった私は、すぐに関係業者へ電話をかけて、その日の夜に参集。そこで打ち出したのが、「雨に濡れない状態で上棟式を行う」というものでした。

先述の通り、業界の常識では構造（骨組み）ができた時点で、屋根を支える棟木を取り付ける儀式が上棟式です。ここで雨に濡れたとしても、骨組みだけならすぐに乾燥するため、構造に悪影響がでることはありません。ただ、お客様からすれば、柱が雨に濡

れ、床に水たまりができているのを見てしまったら、不安になるのは当然でしょう。先の建設会社は、そうしたお客様の目線がわかっていて、様々なアクションで真摯な姿勢を見せていたのです。

私が考えたのは、ビニールシートで覆ったり、雨が降らない日に限って上棟式をしたりというのではなく、雨に濡れない状態まで工事をしてから上棟式を行うということです。土台がしっかり固まってきたらすぐに構造を組み立て、さらに外壁や屋根の工事ができる状態まで準備をします。そこで天気予報が晴れであればすぐに上棟式を行い、雨の予報であれば屋根や外張りの断熱材を貼ってしまって、雨が内部に入らないようにしたのです。もちろん、これを実現するためには外部業者の協力が不可欠です。信頼関係がなければ、このようなことはできません。そういった点でサイエンスホームは、若い職人でも工事がしやすい工法を採用し、さらに短工期で家が建つシステムをつくりました。こうしたことはお客様にお知らせすることは少ないかもしれませんが、業者がいかに気持ちよく仕事ができるかを考えるのもハウスメーカーの大切な役割です。

ほかにもお客様の目線で、担当者は様々なことを考え、アクションを起こしています。

これから家を建てようと考えるお客様に、展示場で実際に泊まっていただいて真壁づくりの家の良さを感じてもらう体験会、モデルハウスだけでなく実際に住まわれているお客様のお宅を訪問して見学する機会を設けること、家を建てたあとも担当者が定期的な訪問を行う、など枚挙に暇がないですが、これらは担当者がアイデアをひねりだし、それぞれの考えに基づいて取り組んでいるのです。また、一人だけで考えるとアイデアの幅を広げるのにも限界が生じますが、この点もサイエンスホームはグループ加盟店の間で密に情報交換が行われているため、いいところはすぐに取り入れ、真似をしながら相互に質を高めています。担当者の熱意とグループ全体の団結感が、お客様目線でのアクションの質を高める。この積み重ねがお客様の満足の高さに直結していると考えています。

選ばれる理由4 業界の常識を覆す「価格」で「短工期」であること

お客様が喜ぶことは「費用が少なく済む」ことと「早く家が建つ」ことです。私はもともと「価格は安いが、高品質の家」を建てたいという思いがあり、今でも追求し続けています。この費用について内訳を見ると、大きいのは人件費です。そして、この人件費を圧縮するには工期を短縮し、若い職人を起用することに尽きます。そこで最初に思いついたのが、「職人じゃなくても建てられる家」をつくることでした。

職人の仕事は多岐にわたりますが、最も経験と技量が求められるのは建材の加工です。建材にノコをひき、かんなをかけて、設計図通りに組み立てられるよう調整をしていくのですが、この調整は建材の膨張率や建てる土地のわずかな傾きなどを考慮するということもあり、精密さが問われるのです。

それなら、この加工を事前に行うことができれば、経験が少ない若い職人に任せられるのではないか。そんな発想を形にしようと、私は知り合いの木材加工会社へ相談をしました。それはプレカットと呼ばれる工法で、名前の通り、先に設計図通りの寸法で建材をカットしておくというもの。これによって現場での切断作業は不要となります。これを知人は快諾してくれ、プレカットした建材での工事に挑戦しました。

このプレカット技術の導入によって若い職人は、ベテランと遜色ない家づくりが可能となりました。職人たちは建てやすさに喜び、さらに現場は加工作業がないため常に美しく、近隣住民にも好評を得ることに。そして本来の目的だった工期も、上棟から1週間という記録を樹立することができました。

費用を抑えるという点では、人件費のほか、独自の基準で木材を選んで使うこと、現在のライフスタイルに焦点を当てた提案をすることなど、様々な角度から取り組みを進めています。すべては、お客様に幸せに暮らしていただくため。費用がかさんだばっかりに、返済が苦しくなり、暮らしを楽しむ余裕がなくなってしまうのはハウスメーカーとして非常に申し訳ないからです。業界がどうだ、一般的にどうだという先入観や思い込みは廃して、お客様のために今後も挑戦し続けてまいります。

選ばれる理由5　「幸せの棟数」と担当者との絆

ハウスメーカーの営業職は、一般的にもキツい仕事というイメージがあり、実際に他社では離職率も高くなっていま す。想像できるかも知れませんが、住宅業界は競争が激しいこともあって、ハウスメーカーのなかには昔ながらの営業ノルマを課したり、薄利で価格競争をしたりして、1棟でも多く受注できるようにしているようです。私がかつて一社員として働いていた会社も、5年先までの計画を立てて、トップが号令をかけ、社員はそれに従うという日常がありました。私は自分なりに目標を立て、モチベーションを高めながら仕事と向き合ったのでトップの営業成績を出していましたが、ただ号令をかけて成績が伸びないと叱るような会社が成長するわけがありません。そしてなにより、そんなことをやっている会社に、お客様が頼みたいと思うはずもありません。

私は、営業マン個人でも、会社でも「幸せの棟数」というものがあると考えています。個人であれば自分が豊かに暮らせるだけの、会社であれば社員がきちんと給与をもらえるだけの利益を確保するための棟数です。ここが数字として明確になっていれば、やみくもにノルマを課すような会社はなくなると思います。むしろ皆で協力し、一致団結して幸せの棟数を確保し、皆で幸せに暮らすということがイメージできれば、それぞれが全力を尽くして働くと私は思えてなりません。冒頭の通り、新規の住宅着工は過去よりも低迷しています。今後も大幅に伸びることはないかも知れません。でも、２０１８年であればまだ95万戸もある、とポジティブに捉えてお客様に接していく姿勢が、未来を決定づけていくと思います。

全国各地にあるサイエンスホームグループ加盟店でも、営業を担当する一人ひとりは日々、自分の成績と向き合っています。でも、多くの社員はポジティブに捉えて、仕事を楽しんでくれていると確信しています。それは加盟店の多くが、この数年で大きく利益を伸ばし、幸せに暮らすことができているからです。もちろんサイエンスホームとしても、少しでも利益率が向上するよう研究を重ねていて、その結果ともいえます。でも源となるのは、会社でともに働く仲間のためにとそれぞれが頑張ってくれた気概です。

そうした結果として

■以前は社長ですら生活が大変な状態で経営していたが、今は社員も増え、自身も休日を楽しめるようになった
■利益が確保できるようになり、会社経営が安定した
■他地域の加盟店などにも相談ができ、自信をもって提案できるようになった

など、目に見えて働く側が幸せに、いい方向に変化してきました。こうした幸せの連鎖は、接するお客様にも伝わっていく。そう思えてなりません。

営業活動についても、行動や考え方に違いが生じてきます。例えば新規のお客様は

■他社＝建てられる家の特徴があまりお客様に伝わっておらず、家は建てたいが「この会社の家を建てたい」との意識までもっていないお客様が大半

■サイエンスホーム＝「木の家」「真壁づくりの家」といった特徴が際立っているため、具体的なイメージを持って、条件等があえば「サイエンスホームで建てたい」というお客様が多い

と、最初の段階でお客様に違いがあります。両社とも営業マンは誠心誠意、お客様に説明をしていくわけですが、おのずと成約率や工事開始までのスピードに差が生じてくるのです。

加えて成約後は、お客様への定期訪問をしない会社も少なくないのです。その理由は定かではないにしても、クレームへの懸念だったり、新規契約の獲得だけに注力しなければならなかったりといったことがあるのかも知れません。しかしながらサイエンス

ホームでは、ほとんどの営業マンが、少なくとも年に数回はコミュニケーションをとります。これは自信を持って、喜んでいただける家を建てたという誇りがあるからです。そして、「近くに来たので寄りました」「家を建てたいというお客様がいるので、少し訪問させてもらえませんか」と訪ねると、ありがたいことに笑顔で快諾いただけるお客様が多いというのもサイエンスホームの特長ではないでしょうか。

ここまで5点にわたり、サイエンスホームが選ばれる理由としてまとめてきましたが、ほかにも様々なアクションがあり、ご紹介したいことがあります。そこに共通しているのは、サイエンスホームとお客様が一緒になって、家づくりを楽しみ、理想通りの暮らしを叶えていく。そんな幸せの輪を、さらに広げていくことができればと心から願っています。

2 サイエンスホームが地域No・1工務店に選ばれる理由

―― 加盟店インタビュー ――

子育て世代に人気!「懐かしいけれど、新しい」家で地域No・1に

―― サイエンスホーム中津川店　木全亮太郎店長(キマタ)

「サイエンスホームの家って、インスタ(Ｉｎｓｔａｇｒａｍの略称)映えしそうだね!」

先日、モデルハウスを訪れたお客様から、こんな声を聞きました。一般的に日本の家は、木造=古いとイメージされがちです。最近ではレトロ、アンティークがブームになっているとはいえ、やっぱり大事なのはデザイン。その点でサイエンスホームの家は、スタッフの誰もが自信を持って勧められるデザインです。

Ｉｎｓｔａｇｒａｍでサイエンスホームを検索してみてください。どれ一つとして同じという家はありません。伝統あるデザインも、現代らしいデザインも、自由自在。それが「懐かしけれど、新しい」というキャッチフレーズにも通じ、どこか新しさを感じる和のデザインがインスタ映えする理由の一つだと思います。

さて、そんな私がサイエンスホームグループに加盟したのは、２０１１年のことです。それまでも岐阜県中津川市内で工務店を営んでいましたが、当時は家族経営で規模も小さめ。リフォームが多く、「もっとお客様と、新築の家を建てながら、喜びを分かちあえることができれば」と思っていました。

そんな小さな工務店が『地域Ｎｏ・１』を掲げられるようになったのは、間違いなくサイエンスホームグループのおかげです。そのＮｏ・１とは、最も重要視される「お客様満足度」です。サイエンスホームで建てたお客様の笑顔を自分の目で見て、心から満足して暮らされているという実感が、Ｎｏ・１といい切れる自信につながります。

加盟当初は、それまで本格的に営業をした経験もなかったため、一つ受注を取るにも苦戦しました。でも、サイエンスホームグループは加盟店同士の仲が良くて、なんでも相談できる雰囲気がありました。さらに、それぞれのレベルに合わせたグループ内勉強会で学ぶうちに見えないながらも営業力がついてきたようで、気がつけば自然に受注が決まるようになっていきました。なにより品質に優れた真壁づくりの家を提供していますから、あとはお客様へ家の魅力を正確に伝えるだけで良かったんですよね。それも勉強会で気づかされたことです。

あと、これは加盟した当初に驚いたことなんですが、サイエンスホームの加盟店としてお客様と接するようになってから、「家を建てさせてください」ということがなくなりました。代わりに「どんな家を建てますか?」と具体的な相談や提案からスタートするようになったんです。これはサイエンスホームが「真壁づくり」「木の家」を建てるという特長がハッキリしているからで、問い合わせをされるお客様もこの特長を求めている方ばかりなんです。そのため、打ち合わせではお客様の理想の家のイメージを具体的に膨らませながら、家づくりをドンドン進めることができます。

加えて、満足度を左右する工期も価格も、他社に比べて負けることがありません。そして、お客様が満足されることも間違いないといい切れるんですね。その証拠として、これまでの8年間に何軒も新築の家を建ててきましたが、クレームらしいクレームはまったく聞いていません。自信を持ってお勧めできる、お客様が本当に喜んでくれる。そういう商品を扱える喜びをしみじみと感じます。

中津川店が担当するエリアは近年、Uターンする子育て世帯が増えており、そうしたお客様からのお問い合わせが増えています。私たちもお客様に、サイエンスホームの、そして真壁づくりの家の良さを伝えながら、一生涯快適で、居心地良く住んでいただける家づくりに取り組んでまいります。そして近い将来に、中津川市を中心とした東濃地区の一帯が真壁づくりの家でいっぱいになればと思いますね。

木の家好きなお客様が「一目惚れ」するのがサイエンスホームの家

――サイエンスホーム沼田店　原靖昇店長（原住建）

サイエンスホームが建てる真壁づくりの家。その特長はいくつも挙げられますが、私が思うのは、家を建設中のお施主様や建設現場の近隣にお住いの方など「木がふんだんに使われているね」とか「木の香りがしていいね」といっていただける通り、木を感じながら自分が自然の中にいるような気持ちになれるということです。家が褒められると自分も嬉しくなって、「そうでしょ？　良いでしょう」と、ちょっと得意げに答えてしまいます。というのも、何を隠そう私自身がサイエンスホームの家に心惹かれたファンの一人であり、それがきっかけでサイエンスホームグループに加盟しました。

グループに加盟する前は、地元の工務店として大手ハウスメーカーの下請けを担当したり、リフォームの仕事を受注したりしていました。そんなある日、先の通りサイエンスホームの家が大きく掲載されたチラシを見て、率直に「いいなあ」と思ってしまいました。そして当時の社長（現会長）に「サイエンスホームの事業説明会へ行きたい」と伝えたのです。

当初、社長はフランチャイズ事業に抵抗があって、あまり良い顔をしませんでした。でも、私がどうしてもサイエンスホームの話が聞きたくて、うちの社長をなんとか口説いて説明会に参加しました。そこで聞く話はどれも新鮮でしたが、とくに加納社長の話す姿とその内容に「これはおもしろい！」と惚れ込み、加盟を決めました。この時は加盟店がまだ数十社くらいだったと思います。

サイエンスホームグループに加盟した直後、信頼していた職人から「真壁はすべての柱が見えるから手間がかかるし大変だ」といわれたことがあります。でも私は、サイエンスホームがいかに職人のことを考えて商品づくりをしているかを説明会で聞いていたことから、きちんと説明し、実際に施工もしてもらいました。すると、思いのほか作業が進めやすいということが職人に伝わり、自分だけでなく、若い職人にも積極的にチャレンジさせることができました。

また、職人たちには別の意味でも好評です。例えばハウスメーカーの下請けとして受注したら、いわばマニュアル通りのものをつくらなければなりません。しかしサイエンスホームの家では施工方法や施工基準をマニュアル化しながらも、そのなかでも職人ならではの技や知恵を活かすことができ、本来の職人の能力を最大限に発揮できます。職人たちが気分良く、楽しみながら建ててくれているので、現場はとても居心地の良い雰囲気に包まれています。

サイエンスホームグループに加盟して7年が過ぎた今では、群馬県内はもちろんのこと、県外からもお問い合わせや見学希望の方が増えています。これも本部の宣伝広告のおかげだと思い、感謝しています。

思い返せばある時に、半年も前に配布したチラシを握りしめて「このチラシを見てどうしても本物を見たくて来ました」とご来場したお客様がいらっしゃいました。とくに奥様は、真壁づくりや木の家にご興味をお持ちで、モデルハウスへご来場いただいた際も、数時間にもわたってご自身の家づくりへの想いを語ってくださったのです。このご夫妻は最終的に契約いただきましたが、その理由を訊ねると「家に対しての熱い想いを話す姿に、『この人なら話ができる』と思ったから」とのこと。自身の想いが伝わってたことに心から嬉しく思いました。

それから数カ月を経て、無事に家が完成しました。奥さんとは対称的に、家づくりにはあまり興味がなかった旦那さんも、「この家、本当に良いね」としみじみ語ってくださったのが、とても印象的でしたね。また、この家で暮らすようになって、ご夫婦の仲もさらに良くなったとも伺いました。そして、今も時折ご自宅を訪問するのですが、まるで本当の息子のように接していただいて、ありがたい限りです。

こうしたかたちで良い関係性が続くのも、長くご満足いただける家だからこそのもの。この仕事をしていて本当に良かったなと改めて思います。木の家が好きで興味を持たれる方はかなり多いと実感しています。沼田店としては、まずは群馬県全域でサイエンスホームを盛り上げていくつもりです。そして個人的には、会社を先代より継承しましたので、さらなる会社の発展と、今まで出来なかった事にも積極的に、初心を忘れることなくチャレンジしていきたいと思っています。

本気で「家を建てたい」と思うお客様との共同作業

――サイエンスホーム延岡店　谷信之店長(株式会社谷建)

サイエンスホームを気に入っていただいたお客様と、一緒に家をつくる。これが今の私のとって最高の喜びです。本書を手にしていただいた読者のなかには驚かれる方がいるかもしれませんが、家づくりは単に受注して業者がつくるものではなく、「あなたのところで建ててほしい」「あなたのところじゃないと嫌だ」といってくださるお客様と一緒になって、共同作業で建てていくものと考えています。

思い返せば、まだ延岡店のモデルハウスが建つ前に、「実際に暮らされている家を見学したい」とのご希望がお客様からあり、最寄りの店舗のモデルハウスへお連れしたことがありました。最寄りといっても、そこは山を越えた熊本県内。片道3時間かかっての見学でした。それでも見学を希望してくださるお客様と出合えたことに、私は心から感謝しました。

ここまで本気で関わってくださるお客様は、契約から施工、完成までが極めてスムーズに進みます。これは私たちも努力を怠ることはしませんが、それ以上にサイエンスホームのブランド力、そして魅力があるからだと実感しています。

私自身は30歳の時に地元で起業した、いわゆる創業社長です。在来工法の住宅建築やリフォームを請け負いながら、起業してからは絶え間なく奮闘し続ける日々を重ねました。そして創業10周年という節目が見えてきた頃に、「今後の時流を想像していくと、会社にとって〝武器〟となる何かが必要になってくる」との考えを強く持つようになり、それまで以上に意識して視野を広げました。そうしたなかで出合えたのがサイエンスホームでした。

折しもこの時は、事業説明会まで少し期間が空いていたこともあって、まずは妻を連れてモデルハウスへ見学に行きました。そして、はじめて家を目の当たりにした瞬間、夫婦ともサイエンスホームの家を惚れ込んでしまったのです。

私としては、とくに真壁づくりの特長でもある、柱や梁などの木がたくさん見えている空間の雰囲気がとても良くて、いつまでも印象に残りました。他社でも真壁づくりの家を扱ったり、木造や木を前面に出した家の提案をしているのを散見することはありますが、サイエンスホームの真壁づくりの家とは比べものにならない程度のものです。これは自分たちの会社にとって間違いなく〝武器〟になる。そう感じて、モデルハウスを見学した帰り道で加盟すると結論を出しましたが、これは正解で、今も当社にとって明確な武器となっています。

加盟から2年後には、年間10棟の受注を達成。以後も毎年のように15棟程度は手掛けさせていただいています。これは加盟前の数倍になり、収入も大幅に増えました。今後は加納社長がよくいう「幸せの棟数」という考え方をもとにして、お客様の利益追求を第一として経営していこうと思います。

また、以前ご依頼いただいた真壁づくりの建物では、創作料理のお店をされるそうで、真壁を活かした趣ある設計を提案しました。オーナー様からの「シンプルだけどものすごく雰囲気が良い」との言葉、また来店されたお客様からも「この建物、良いね！　どこの工務店で建てたの？」との質問があるそうで、デザインを担当した妻と喜び合いました。さらにはお店に置かせていただいた名刺からご連絡いただくことも。こうしてサイエンスホームのファンが目に見えて増えていく様子は嬉しい限りです。

もう一つ、サイエンスホームグループで良かったと感じることは、全国に仲間ができたということです。グループでは他店の仲間と、不明点や懸念事項があれば聞き、尋ねられればアドバイスもする、良い関係性を築くことができています。あたり前ですが仲間は各々がプロでそれぞれの流儀を持っていますし、勉強になることばかりです。知識が増え、意識が高まるのを日々感じています。こうして得た知見をもとに、お客様がさらに気に入ってくださる家づくりに取り組んでいきたいと思っています。

自身の人生が一変したサイエンスホームとの出合い

――サイエンスホーム広島店　梶谷真一店長（株式会社木の家）

サイエンスホームグループ加盟店の多くは地元の有力工務店を経営されていますが、

私はただ一人、一大工から出発しました。サイエンスホームとの出合いはまさに運命であり、ここから自分の人生が一変したのです。

大工として働いていた頃は、いくつかのハウスメーカーを扱う会社に所属していました。その会社の社長がサイエンスホームに興味を持ったことがきっかけで、私も浜松まで同行してモデルハウスを見学する機会を得ました。今でも覚えていますが、現物(家)を見て「ここまでのクオリティ、デザインがある家なら、広島でも必ず売れる!」との直感がありました。

それからしばらくして、なんと自身が働いていた会社が潰れてしまいました。社員ながら経営状態を知らなかった私は、直前までたくさんのお客様から契約をいただいていたものの、このままでは、お客様が家を建てられず、泣き寝入りになってしまいます。そこで私は、自分で会社を立ち上げようと腹をくくったのです。あれから5年が経ちましたが、自身の決断はまったく間違っていなかったと確信しています。

私は昔から古民家や木の家が大好きです。そのなかでサイエンスホームは、他にない雰囲気の良さがあります。100軒分の家の写真からでも、サイエンスホームの家は見分けられます。それは、サイエンスホームらしいオリジナリティがあり、真壁づくりの家で特化されているからです。良質の木材などを使用しながら、この低価格が実現できているのも素晴らしい。日本古来のスタイルの人気がまた上昇している今、サイエンスホームの家はまさに〝自慢したくなる家〟だと思うのです。

私自身もサイエンスホームが大好きなので、その魅力や家づくりへの想いを伝えたいとブログを書きはじめました。ブログは広報にもなりますし、ツイッターやインスタグラムなどのSNSを見て来られる方もずいぶん増えています。ブログがきっかけでサイエンスホームのファンになったというお客様に出会うと、熱く発信してきてよかったなと感じます。引き渡し後にも「この家に住めて心から幸せ」という声が多く、うれしい限りです。

また、お客様だけでなく現場の職人にも喜ばれています。というのも、サイエンスホームの建材は現場で切断する必要がない状態で届きますし、基本的な作業はそれほど難しくなく工期も短くなります。また、他の建売のように組み立てるだけではなく、大工ならではの技術を活かせる部分もあるので、つくり甲斐があると好評です。職人自身が楽しみながらつくった家は、仕上がりが断然良くなると実感しています。外部の職人さん、美装屋さんや製材屋さんからご自宅をサイエンスホームで建てたい、とご依頼いただくことも実際にありました。様々な家や現場を見てきた専門家に選ばれることこそ、素晴らしさの証ではないでしょうか。

私は、そのクオリティはもちろん、家づくりに関わる人の想いや人柄を知っていただいたうえで、お客様のご要望やご趣味、ライフスタイルなどをお伺いし、暮らす人に合った家をつくりたいです。単に家という「もの」を売るだけではなく、家を建てるという「こと」を売る。家を建て、その家に住む「こと」で幸せを感じるような、いわば幸せづくりのお手伝いができたらいいなと日々考えています。

最近は同業者の間でも、サイエンスホームに興味を持つ工務店が増え、先日も知人が新店舗を立ち上げました。私はサイエンスホームが大好きですが、独り占めするつもりはありません。全国にいる仲間と協力し、サイエンスホームを日本のスタンダードにすることが現時点での目標です。この熱意をもって、サイエンスホームが日本一のハウスメーカーになるよう、また、サイエンスホームの次世代を担う人材になれるよう精進していきたいと思います。

製材のプロが「男前」と思える木材が演出する空間に感動

――サイエンスホーム伊賀上野店 中正吾店長（やまりん株式会社）

木目、色合い、節の有無……木は、同じ樹種であっても実にいろいろな顔を見せる素材です。例えば神社・仏閣や茶室、和室、歴史的建造物などで使われる最高級の木材には、節がなく、色合いも一定です。対してサイエンスホームの家に使う木は、節があり、無骨さが残っています。昔ながらの大工さんにいわせれば「化粧（見える場所）でこんな木は、そのまま使えないよ」となるでしょうが、サイエンスホームでは実に表情が豊かな「男前」な木と評されます。本当に充実した組織には、個性が光るメンバーが活躍しているとよくいわれますが、家づくりも同じで、節やこぶがあっても上手に活かし、オンリーワンの魅力を引き出せるのが、サイエンスホームの真壁づくりの家です。

さて、当社はまもなく創業80周年を迎える製材所を主として事業を展開し、私が4代目になります。サイエンスホームグループに加盟するまでは、一般住宅のリフォームや公共工事を中心に受注し、新築の住宅は年に1、2棟程度の受注にとどまっていました。それでも当社は地元でも代々続く老舗であるため、どこかしら「黙っていても仕事は入ってくる」と高をくくっていた部分もあったと思います。そのため、売上は右肩下がりになっていき、加盟直前の年商は数千万円程度という状態だったのです。

しかし、いよいよ私が4代目として会社を継ぐということが決まった頃、将来を心配した先代が偶然にもサイエンスホームを見つけてくれました。実はこの頃の私は、会社が苦しい経営状態だと知らず、現場監督をしており、経営や営業の知識もほとんどありませんでした。そういう姿を見かねてか、先代がフランチャイズなど様々な方法を検討したうえで、サイエンスホームが良いと提案してくれたのです。

当社は製材所ですから、もちろん木に対する想いは並々ならぬものがあり、加盟の際にはサイエンスホームがどのような木を使っているか厳しくチェックしました。すると、強度や構造にまったく問題はなく、高気密・高断熱な空間をつくることができていました。そんなことを考えてみると、お客様は「良い雰囲気の木の家」を望むのであり、木のプロが認めるほどの整った木である必要性は感じませんでした。それどころか、整いすぎてないクセのある部分を他と違う魅力としてプラスに捉えている人が多いことに気づいたのです。

そして、加盟してまず良いなと思ったのは、構造や工程が実にシンプルで無駄がないこと。住む人にとっては、メンテナンスしやすく、長く住めるという利点がありますし、基本がシンプルな分、その人らしさで彩ることもできます。また、建てる側にとっても作業しやすいパッケージになっていて、例えば、建材は現場で切る必要がなく、使いやすい状態で届きます。おかげで現場のごみは以前の5分の1まで減り、工期も短くなりました。

うちは木製家具をオーダーメイドで受注しています。それらには、節やこぶといったクセがある木を使うこともありますが、「木らしい」「味がある」とお客様には大変好評をいただいています。以前、加納社長に「サイエンスホームはカッターシャツを売っているのではない、作業着を売っているのだ」といわれたことがあります。その言葉通り、お客様が望むのは実用的でありながらも機能的で心地良く、おしゃれな雰囲気のオリジナル感だと思います。こうした点も、当社とサイエンスホームはとてもマッチしていて、さらにそういったニーズがあるお客様も自然と集まってくるという実感があります。

また当社は、お客様に喜ばれるだけでなく、職人にも選ばれる工務店でありたいと思っています。おかげさまでサイエンスホームは仕事がしやすい、工期は短いし施工性が良いと評判も上々です。地元の職人に愛され、仕事をしていただくことで、お客様の家に何かあった時にもすぐ対応できる。お客様に寄り添う工務店でいることができるのです。お客様も、職人さんも大切にしながら、サイエンスホームとともに創業100年を目指して頑張っていきたいと思います。

サイエンスホームの家は、完成までの早さと居心地の良さが魅力

――サイエンスホーム名古屋店　小澤幸靖店長（株式会社エスコト社）

私は、いわゆるゼネコンでの現場監督など、建築関係の会社で企業相手の業務に就いていました。しかし、使う人や住む人など、お客さんの顔が見える仕事がしたい、ユーザーの声をしっかり聞きたいという想いが強まったのです。前職時代には、サイエンスホームを立ち上げる前の加納社長にお会いし、ご自宅を見せていただく機会がありました。それは、よくある真っ白な家の逆を行くような、木が見えて心地良く魅力的な家で、すでに今のサイエンスホームらしい雰囲気でした。人と同じことをしていても仕方ない。私は将来への可能性を強く感じ、サイエンスホームを扱う会社へと転職しました。

入社後は、ユーザーとじかに接し、ご意見を伺いながら様々な建物を手掛けました。今までで一番記憶に残っているのは、病院を建てた時のことです。この時は住宅とは異なることも多く、病院ならではの規制もありました。弊社にとってもチャレンジな案件

で、本部にはたくさんの相談にのってもらうなど、大変お世話になり感謝しています。最終的にはリハビリ室などを真壁づくりにし、待合室には木を見せ、階高を高くとったことで病院らしからぬ開放感もあり、自然な木の香りが漂う、ぬくもりある空間ができました。そのおかげか、患者さんからは「落ち着く」「リラックスできる」という声も多く、遠くからの来院者も増加したそうです。オーナーも喜んでくださり、お役に立てたことを嬉しく思っています。

見学に来てくださるお客様は木の家が好きな方がほとんどです。サイエンスホームの特色であるダイナミックな吹き抜けについても、その機能性の高さを説明しながら提案させていただいています。私が吹き抜けをお勧めできるのは、サイエンスホーム独自のしっかりとした高断熱・高気密の技術があるからこそ。外張り断熱工法により、外からの熱をしっかりと遮断し、外気温に左右されない快適空間をつくりだす自信があるからなのです。

吹き抜けとともにサイエンスホームの特徴の一つである真壁づくりも、機能の面から高い評価を受けています。ただ、真壁づくりは時間がかかるというイメージもあるようです。確かに従来ならば時間がかかる真壁ですが、サイエンスホームなら短い工期で対応できます。それは、事前に工場でできる限り資材を加工しておくなど、現場での省力化を考え抜かれたシステムのおかげです。建築期間が長くなれば、仮住まいの家賃など、お客様への負担も大きくなります。家のローンは土地を買った時からはじまっていますし、二重支払の期間をなるべく短くしたいというお客様の想いにもこたえることができるのは大きな利点だと思います。工期の短さだけでなく、長い間住むことができるのも、真壁づくりの長所。表に出した構造のおかげで木は呼吸できますし、木の状況を見ながら保守すれば、耐用性が高まるのです。

欧米ではメンテナンスして長く住むという考え方が一般的で、歴史のある古い建物のほうが資産価値として高い傾向にあります。日本でも神社・仏閣などはその思考を感じますが、私は家もそうあってほしい。長く住み続けることで価値を高めていってほしいと思っています。私は次の代で取り壊さないといけないような、一発屋みたいな家はつくりたくありません。ましてや安さや早さで競うつもりもありません。私が目指すのは親から子へ、そして孫へと、資産として引き継ぐことができる家です。様々な面から幸せを感じることができる家をつくるため、引き続き尽力していきたいと思います。

お客様の個性が光る「真壁づくりの家」のブランド力

――サイエンスホーム宮崎店　串間文明店長(クシマ建築事務所)

サイエンスホームとの出合いはダイレクトメールでした。当時は大手ハウスメーカーでの店舗開発の仕事を辞め、宮崎で父の工務店を手伝っていましたが、官公庁の工事が激減し、会社は大赤字。これからどうしたらいいのか、苦悩していた頃でした。

それまでの経験もあったので、実は営業にはある程度自信がありました。しかし、飛び込みや知り合いの紹介で営業に行っても、契約には至りません。前職では会社の名前があったからこそ、成果を上げることができていたのだと痛感しました。このままではいけない、他の工務店との違いや自分たちらしさを見つけなければいけないと、ブランディングの必要性を強く感じていました。

ダイレクトメールでサイエンスホームの家の写真を見た時、瞬間的に「これだ！」と思いました。私は木の家の雰囲気がとても好きだったこともあり、この家を建てたい、住みたいと直感的に感じました。

大手メーカーの家は、どこが建てたかわからないほど特徴が少ないのですが、対してサイエンスホームは一度見たことがあればすぐわかるほど個性的で特徴があります。万人受けというよりは、好きな人に強く好かれるタイプであり、まさに「相思相愛」の家づくりができるのは良いなと思いました。国産ヒノキを使った真壁づくりというのもまた魅力的でした。しかも、雰囲気のある木の家であるにもかかわらず想像以上に安く、所得ランキングで下位にある宮崎でも十分にやっていける。サイエンスホームは差別化するのに最適だと確信したのです。

加盟後は、おかげさまで売上も急増しました。問い合わせも年々増加しています。うちで家を建ててくださったお客様がお知り合いを紹介していただくことも多いですが、チラシを見て興味を持っていただける方も大勢いらっしゃいます。チラシはサイエンスホームの本部が作成してくれるものですが、これがすばらしい。目を引くキャッチフレーズや紙の質など、自分たちが考えつかないような、人を惹きつけるアイデアが詰まっています。チラシ作成や広報は、やはり専門的な見識が必要だと考えていますが、そういった部分でもご支援いただき、助かっています。

営業や経営に関しても、本部のバックアップが充実しています。私は営業塾に参加したことで、考え方も大きく変わりました。それまでを思い返してみると、うちは父と2人の会社なので、営業を頑張ってもほめられず、売上が悪くても怒られず、張り合いがない部分もあったかもしれません。サイエンスホームの営業塾で熱い想いを共有し叱咤激励しあえる仲間に出会えたことで、頑張ろうという意欲も高まり、楽しく仕事に取り組むことができています。また、計画目標を立て、実行し、実証するといった実践的な研修にも参加させていただき、多くの学びを得ました。研修終了後には契約数で全国2位になり、表彰されたのも良い思い出です。

今、サイエンスホームは独自性が強くありますが、いずれは模倣する会社も現れ、さらなる差別化が重要になってくるでしょう。それにはサイエンスホームの魅力をさらに高める商品づくりや、営業や広報などの強化はもちろん必要です。しかし何より不可欠なのは同じ志を持つ仲間です。職人や社員を大切に想い、人材育成にも力を入れながらも、自店だけでなく、仲間とともにサイエンスホームを強大にしていければいいなと思っています。

世界も認める、地元の風土にマッチした「日本らしい家」

――サイエンスホーム八戸店　橋本英文店長（株式会社橋長）

「今まで探し求めてきたのはこれだ！　これこそお客様に提供したい家だ！」

私が大手ハウスメーカーに勤めていた時、突然父から連絡が入りました。地元で工務店を営んでいた父いわく、サイエンスホームのダイレクトメールを見て衝撃を受けたとのこと。ほどなくして私と弟は確かめるために、浜松へ見学に行くことになりました。

浜松の展示場を見た瞬間、こんどは私のなかに激震が走りました。モデルハウスに入った瞬間に木に包まれるような空間が心地良く、理屈ではなく感覚的に「ここに住みたい」と感じました。実は、ハウスメーカー在職中も含め、自分自身が住みたいと思える家に出合ったのはこの時がはじめてでした。

ただ、気になったのは価格です。当時は木造注文住宅を扱う最大手の会社で10年近く勤務していたこともあり、木の家や木材に関しての知識がありました。

一般的にヒノキは垂直荷重に対する強度があります。つまり、タテ方向の力が強いため柱に適しているといえます。一方で、ヨコからの力に強いのは欧州赤松というマツ系の樹種で、梁に向いています。それらを適材適所、使い分けることで建物を強固にすることができるのです。それを大手メーカーで同様の家をつくるとなると、高額になるのは当然といえます。前職では木材などを科学的に分析した理論的データも見聞きしていましたが、サイエンスホームの家はそういった理論に裏付けられた工夫が随所に組み込まれていたのです。

さらに、サイエンスホームの家は想像以上に低価格でした。その理由も、いわば木の家のプロである私にも十分に納得できるものでした。全国に展開する店舗へまとまった量の木材を出せるとなると、単価は大幅に抑えることができます。さらに、ヒノキを山ごとを抑えることができれば、なおさらです。さらに手で刻んでいた職人の現場仕事を、工場でコンピューター制御によりカットする方法へと変化させたことで、手間も工期も大幅に短縮することができたのです。こうしたすべての要因が組み合わさったことで、コストが抑えられていました。木造注文住宅に精通した大手メーカーの人間として、これだけのクオリティでこの価格はすごいと、とにかく驚きました。今まで扱ってきた家はいったい何だったのだろうとさえ思いました。

その後、ハウスメーカーを退職して父の会社に入り、地元の青森で本格的にサイエンスホームの家づくりをはじめました。青森は積雪も多く、氷点下になることも多い地域です。だからこそ、雪の重さにも負けない強度と、寒さから守ることができる外張り断熱が活きてきます。私は自宅をサイエンスホームで建てましたが、強い構造になっていてゆがみにくく、耐震性にも優れていますし、断熱構造と吹き抜けのおかげで、夏でも冬でも過ごしやすく感じています。家は土地に建つもの。地域の風土を熟知した人が、それに対応した家をつくることで、暮らしやすい空間が生まれるのではないでしょうか。

これは地域だけでなく、日本全体として考えても同じです。日本には四季があり、梅雨の時期にはじめじめし、冬には乾燥します。サイエンスホームの特色である真壁づくりも、高気密・高断熱の外張り断熱も、まさに日本の暮らしや気候に適したものなのです。また、千年以上前から木の家に暮らしてきた日本人としても、木に囲まれて暮らす幸せを感じるでしょう。

サイエンスホームの家に魅力を感じるのは日本人だけではありません。外国の方が見た時も、サイエンスホームの家なら日本らしさのある家だと喜んでもらえるでしょう。木の家はまさに日本の文化です。日本の文化である伝統的な建物を、最新の技術と融合させながら、地方の工務店である我々が建てる。各店舗が地域ナンバーワンの店舗になれば、サイエンスホームは日本一になれます。自分たちは日本を代表した、日本一のハウスメーカーであると胸を張っていいたい。その日に向かい、「家づくりは幸せづくり」という想いを持って取り組んでいきたいと思います。

高価な家ではなく、「価値ある家」をつくりたい

――サイエンスホーム 槌谷晴可関西地区エリアマネージャー
（奈良店、株式会社カーペンターズハウス）

「この家は、間違いなく売れる！」

「自分がお客様の立場なら、絶対にこの家に住みたい！」

これがサイエンスホームの家と出合った第一印象です。もともと木の家が好きな私にとって、サイエンスホームの真壁づくりの家はとても強く惹かれるところがいくつもありました。

まず驚いたのは、コストパフォーマンスの高さです。私はサイエンスホームグループに加盟する以前に、真壁づくりの家を手がけた経験がありますが、その時と比較しても考えられない価格でした。この点については、事業説明会で、スケールメリットによるコストダウンや加工方法による工期の短縮など、質を落とすことなく低価格を実現して

いる仕組みを伺いました。そのなかで、サイエンスホームの工法は、職人ならではの技を活かしながら、ある程度の知識があれば経験の浅い人でも取り組むことができる、この工法なら事業を承継することができると感じ、加盟を決めたのです。

私は代々工務店を営んでいて、祖父は宮大工でした。どちらかというと住宅よりは高額な建物を得意としていて、数寄屋づくりの家や古民家の再生も手掛けていました。これらは他の一般的な建物と比べても総額は高く、工期が長いため、事業としてはそれほど良くありませんでした。

そんな状態で会社経営を続け、いよいよ私も50歳を迎えました。工務店は技術と経営の両面で一定の力量が求められるため、事業承継するのも難しく、人を育てるとなってもかなりの時間を要します。そのため昨今では、棟梁の引退に合わせて会社をたたむケースが少なくないのです。しかし、工務店がなくなってしまうことは、これまでのお客様にとって不利益です。だから、そうならないようにしたいという想いは強く持っていました。厳しい現状を乗り越え、どうにか事業承継する方法はないだろうか。そう模索していた矢先に、私はサイエンスホームと出合いました。

サイエンスホームグループ加盟後には、早速展示場と自宅を建てました。先述の通り、うちはずっと吉野杉やヒノキを扱って施工してきたため、周囲の方や友人は「相当高価な建材や造作物を使って家を建てるんだろう」と思っていたのではないでしょうか。しかしながら私は、サイエンスホームのお客様と同じ建材や造作物を使い、サイエンスホームの家を建てたのです。暮らしてみると、真壁づくりの良さを毎日実感しています。まさに値段以上に価値を感じる、本当に良い家です。

自宅には白く塗った木を使い、アンティークブルーのドアをアクセントにした南欧風に仕上げました。このデザインは家族や地元の人たちにも好評です。「木の家＝和風」と思われがちですが、木材の色味や家具、照明などによって印象を変えることができるのも、つくり手としての面白味があります。奈良では南欧風が和風スタイルとともに人気上昇中ですね。

印象でいえば、真壁づくりには田舎風の家で隙間風が吹くイメージがいまだに付きまとうようですが、サイエンスホームの家は隙間のない高気密な構造となっています。しかも高断熱で室温を一定に保つことができ、電気代の節約や省エネルギーにもつながります。自宅にはさらに太陽光発電機を設置し、年間の収支でエネルギー消費量ゼロを目指す”ネットゼロ・エネルギー・ハウス（ZEH）“にしました。これからはエネルギーも大切にしないといけない時代です。未来を見据えながら、性能的にもクオリティが高い家は今後さらに注目されるでしょう。

関西は家にお金をかけるといわれるエリアで、まだまだ開拓の余地があると考えています。今後さらにサイエンスホームを広めていくには、近隣店舗同士がライバル視するのではなく、同志としてノウハウを共有し、教え合い、協力し合うことが必要でしょう。横のつながりを活かしながら、まずは奈良県で、そして関西エリアで業績を上げながら、サイエンスホーム全体を大きくしていければいいなと思っています。

「かけがえのない親友」の家は、サイエンスホームで建てる

――サイエンスホーム 日当瀬賢九州地区エリアマネージャー
（鹿児島店、小山工建株式会社）

私たちはどんなお客様も大切ですが、それでも親友が家を建てるとなると力が入るものです。十数年前、某ハウスメーカーに勤めていた私のもとに、親友が「家を建てたい」と相談にやってきました。もちろん私は、あらゆるプランを考え、自分ができ得る限りの割引をした上で見積書を提示。その親友は比較的富裕な家庭で生まれ育っていたこともあって、納得できる見積もり内容と確信していました。でも、親友は開口一番、「家建てるのってこんなにかかるんだ……これ、高くない？」とひとこと。私は唖然としてしまいました。

そうか、この値段で高いといわれてしまうのか。それなら自分のまわりにいる友人たちから相談を受けても、家を建てることは難しいだろう。でも、そもそも家を建てたい

というお客様が依頼できないような会社にいていいのか。そんなことを考え続けて、私は会社を辞め、実家の工務店で働くことにしました。価格競争ではなく、他社にはない特長をつくって勝負したいと考えたからです。そうして動きはじめて数年が経った時に、サイエンスホームと出合いました。

はじめてモデルハウスを見た瞬間、私は雰囲気の良さに強く惹かれました。ハウスメーカーに勤めていた身として、「この家は売れる！」と一目で確信したのです。さらに、家の販売価格を聞いて、コストパフォーマンスの良さにも驚きました。これなら友人の家を建ててあげることができる。それならば、と私はすぐにサイエンスホームグループへの加盟を決めました。

他社のフランチャイズに加盟する、ということは住宅業界ではそうめずらしいことではありません。でも、私の父は過去にフランチャイズで失敗した同業者の知人が複数おり、最初はあまり乗り気ではありませんでした。でも、サイエンスホームは加盟金ゼロで、加盟時のリスクはほとんどありません。だから「チャレンジしたい」との想いのままに行動することができました。結果、売上はもちろんのこと、受注数、利益率、工期、集客など、すべての面で大きく好転。加盟して大正解でした。

また、私自身もサイエンスホームで自宅を建て、1階を事務所として使っています。仕事で来る業者さん、いわゆる建物に関するプロの方々からも「良い家だね」といってもらえることが多く、これだけの木を使っているのに低価格なことにも驚かれます。家づくりや原価などに詳しい方にそう思っていただけるのは、本当にうれしいことです。

実際に住んでいる立場からいわせていただくと、サイエンスホームの真壁づくりは、日本の風土に合った工法だと思います。特に鹿児島は暑いし湿気も多いのですが、真壁づくりや外張り断熱が効果的で、過ごしやすい環境になっています。また、火山灰や黄砂、PM2.5への対策として、室内に洗濯物を干す場所づくりを提案するなど、地域に合った家づくりを考えています。

地域の特性とともに考慮しているのは、お客様の暮らし方です。サイエンスホームの家はシンプルだからこそ、こだわりのある家づくりができます。例えば、花が好きな方へは花を飾るスペースを提案します。住む方の趣味や生活のスタイルを伺いながらアイデアを出し、お客様の暮らしに合った家をつくりあげることは、私たちにとっても楽しみの一つです。

それは単純にお金をかければいいということではありません。高価な材料を多く使えば、かっこよくできるのはあたり前。でも、良質の材料で良い雰囲気の家でありながら、低価格で提供できるのがサイエンスホームです。これこそが最大の魅力だと私は思っています。これからも「この雰囲気の家をこの価格で建てられるの？」と驚かれるような家をつくっていきたいです。

真壁づくりの家の良さを実感できる「お泊まり体験予約」

――株式会社サイエンスウッド　影山真人社長

本書ではここまで加盟店インタビューを掲載してきましたが、トリ（最後）として、サイエンスホームの立ち上げから関わってきた私も一言、エピソード等をお話しさせていただきます。

私は加納社長の前職からのお付き合いで、サイエンスホームには立ち上げから2年後に合流しました。当初は営業職で入社したものの、半年くらいは契約がゼロ。当然のことながら私は悩んでいましたが、それ以上に加納社長が頭を抱えていたと思います。

ちょうどその頃に、加納社長がもともと住んでいた家をモデルハウスにするという話が持ち上がりました。じゃあ、具体的にどう活用していこうかと話をするなかで、ふと「お客様に泊まってもらって、良さを実感してもらおう」というアイデアが浮かび、「週末は常にお客様が泊まるように、アポイントを取っていこう」という指示が出されました。

社長がそういうなら、と私はあらゆる人に声をかけました。毎週末泊まっていただける状態にするなら、住宅展示場や問い合わせをいただいたお客様だけでは足りません。新聞配達員や宅配ドライバー、ヤクルトレディー、行きつけのスナックのママさん、左官職人など、会う人ごとに「モデルハウスに泊まりませんか」と声をかけました。例え「家を建てる気はない」といわれても、それでも構わないといいながら泊まってくれるお客様を増やしていったのです。

そうして泊まってもらうとなれば、今度はおもてなしが必要です。私は調理師免許を持っていたので、夕食時には一品やデザートをつくって持参したこともありました。誕生日のお祝いでケーキをつくったり、クリスマスに合わせてサンタクロースの格好をして訪問したりしながら、全力でお客様へ歓迎の気持ちを伝えていきました。

すると面白いことに、自然と成約が増えていきました。件数にして15件は超えていたと思います。わざわざ時間を使って泊まってくださったお客様に、自分の精一杯のおもてなしをして、そのなかで真壁づくりの家の良さ、サイエンスホームの良さを話していっただけです。それを聞いてくれる良いお客様との出会いが重なって、成約につながったのだと思います。今でも年に数回はごあいさつに伺って、良いお付き合いをさせていただいています。

お客様のなかには、お知り合いをご紹介いただいたり、親子で建ててくださったり、といった例も多くあります。お客様に建ててよかったと思っていただけている、建てたあとでもずっと良いと思っていただけている証拠なのかなと思います。家は結構大きな額の買い物です。建てて終わりではなく、ずっと続く関係性であると思っています。お客様とは一生お付き合いできるかまで考えてお話しします。「人柄で決めた」といっていただくことも多くて、やりがいを感じますね。

家は建てて終わりではないということにもつながりますが、私は、家って完成した時よりも、住んでからのほうが素敵であるべきだと思うんです。静岡店のモデルハウスは、建てて8年目の建物ですが、内部はほとんど手を入れることなく使っています。8年前に建てた家なのに、いまだにお客様の反応は良いんです。10年近く経っていても素敵な家だと思ってもらえるのも、しっかりとつくられているからこそ。そして、素材として木を使っていることも大きな理由だと思います。

木は使うことで味が出てきます。新しいから良いということでもありません。建てたばかりのサイエンスホームの家は、いってみればちょっと〝老け顔〟みたいな感じだと思うんです。だけど、年を経ることでかっこよくなる。小学校の時におじさん顔だった同級生が大人になってからかっこよくなっているような感じで、良い方向へ変化していく。私はそれがサイエンスホームの、そして真壁づくりの魅力の一つだと感じています。住みはじめて10年や20年が経った頃、ふとした時に「ああ、この家に住んでいて良かったな」とお客様に思ってもらえるような家をつくっていきたいですね。

そして、職人さんにも「この会社で仕事をして良かったな」と思ってもらいたいという気持ちもあります。職人さんに気持ちよく働いてもらえるよう、私は現場で仮設トイレのそうじや、材料の整理整頓などもこまめにするようにしています。やはり、職人さんたちにとっても働きやすい環境は大切ですからね。品質が落ちないように、厳しくいうこともありますが、職人さんにとっても良い家づくりができたらいいなと思うんです。

お客様や職人さん、家づくりに携わる人たちみんなが「良かった」と思えるよう、目先だけのことでなく、10年、20年先のことを一緒に考えながら、良い家づくりに取り組んでいきたいです。

おわりに

同じ住宅業界にいる皆様へ

本書を最後までお読みいただきまして誠にありがとうございました。

今回の出版企画は、「真壁づくりという言葉をはじめて聞いた」「家を建てるなら、木の家がいい」というお客様とともに、サイエンスホームの家に興味がある工務店様や住宅販売会社様にも届けたいとの想いでまとめました。このページでは、同じ住宅業界の方に向けて少し専門的な話題に触れさせていただきます。

まずは株式会社サイエンスホームについてですが、当社は２００６年に前身である株式会社サイエンスウッドを設立し、高品質かつ低価格で真壁づくりの家が建てられる仕組みをつくり上げました。その後、２０１１年には全国展開を見据えて株式会社サイエンスホームを設立し、今日に至ります。おかげさまで、本格的に加盟店を募集しはじめてからの４年間で１２０社超のご加盟をいただきましたが、いずれの会社も「真壁づくりの家をお客様に届ける」との志を同じくした仲間であり、いわゆるフランチャイズにとどまるような関係性ではありません。

こうした加盟店急増の理由としては、

1　加盟金やロイヤリティー、営業ノウハウを教える教育費といった費用負担がない

2　他社にはない「真壁づくりの家」という明確なブランドが確立されており、お客様に提案しやすい

3　高気密、外張り断熱、デザインの自由度などがありながら、低価格で建てられる

などが挙げられます。事業説明会に訪れた皆様からも「わかりやすい」「加盟することにリスクが生じない」などの声をいただき、実際に多くの会社様にご加盟いただいています。

一方、お客様の声を聞くと、当社のようにワンブランドで、かつ他社にない商品があるということが大きなメリットになっているようです。とくに真壁づくりの家でありながら外国製のドアや窓を取り付けたり、フローリングに無垢材を使用したりすることで、これまで見たこともない空間が演出され、これが子育て世代に高評価を得ています。また、最近のお客様は機能性や坪単価などをよく調べてから相談されることが多くなっていますが、そうしたお客様にも訴求できる機能性と価格が堅持できている点も、成約

の大きなあと押しとなっています。

本文にも記しましたが、国土交通省の統計や現場の声からも、数十年前と比較すれば注文住宅の新築着工数は減っています。代わって古い家のリフォーム、都市部ではマンション等への建替工事が多いのではないでしょうか。しかしながら私は「ゼロではない」という話をします。どんなに数が減っても、担当している営業エリア内には必ずお客様がいて、相談する先を探していると思うのです。私たちは真壁づくりの家を建てるトップブランド企業として、お客様の話を聞きながら、より良い家づくりをしていくことができればと考えています。

本書を執筆している2019年11月現在で登録店舗は124を数えますが、人口の流入が増えている東京・埼玉・千葉・神奈川・愛知・福岡・宮城・群馬・富山・石川・滋賀・京都・大阪・島根などでは加盟店がまだ展開できるだけの問い合わせ件数があります。これらの地域だけにかかわらず、少しでも新事業への挑戦や事業転換、会社の発展に取り組みたいという方がいれば、ぜひご相談いただけたらと思います。

こうして本書もしめくくりとなりますが、発刊に際してご尽力いただきましたすべての皆様に厚く御礼を申し上げます。当社もさらに高品質・低価格な家づくりを追究しながら、より多くのお客様に喜んでいただけるよう取り組んでまいる所存です。末筆ながら、本書をお読みいただいた皆様と、近いうちにお会いできることを楽しみにしております。

加納文弘

サイエンスホーム　グループ一覧【北海道ブロック】		
旭川店	北海道上川郡美瑛町美馬牛北3丁目4－31	0166－95－2611
札幌東店	北海道札幌市東区東苗穂3条1丁目2番1号	011－798－0228
札幌東展示場	北海道札幌市東区伏古11条2丁目7－22	011－798－0228
札幌北店	北海道札幌市東区北30条東1丁目1番28号 LEE北30条ビル3F	011－733－0830
倶知安展示場	北海道虻田郡倶知安町南6条西2丁目5－15	011－733－0830
札幌展示場	北海道札幌市北区新琴似10条9丁目5－22	011－733－0830
札幌中央南店	北海道札幌市中央区南14条西13丁目3－5	011－533－1880
札幌中央南展示場	北海道札幌市南区川沿11条3丁目3－3	011－533－1880
登別室蘭店	北海道室蘭市宮の森町3丁目18－4	0143－84－5030
登別室蘭展示場	北海道室蘭市高砂町2丁目2－13	0143－84－5030
函館店	北海道函館市石川町346－12	0138－83－6688
函館展示場	北海道亀田郡七飯町大川2丁目6－2	0138－83－6688

サイエンスホーム　グループ一覧【東北ブロック】		
八戸店	青森県八戸市白銀3丁目14－5	0178－34－5235
八戸展示場	青森県八戸市白銀3丁目14－5	0178－34－5235

青森店	青森県青森市大野若宮140-29	0120-73-1103
青葉展示場	青森県青森市青葉3丁目10-31	0120-73-1103
弘前店	青森県弘前市大字品川町81-8	0172-55-7161
弘前展示場	青森県弘前市大字安原2丁目2-10	0172-55-7161
盛岡店	岩手県盛岡市東安庭2丁目12-15	019-604-6877
宮古店	岩手県宮古市山口1丁目2番31号	0193-77-4080
花巻店	岩手県花巻市高木18-4-1	0198-29-4089
花巻下幅モニターハウス	岩手県花巻市下幅14-10	0198-29-4089
奥州店	岩手県奥州市水沢真城字北上野1-14	0197-47-3228
奥州展示場	岩手県奥州市水沢真城字北上野1-14	0197-47-3228
一関展示場	岩手県一関市南新町52	0191-34-7560
宮城北店	宮城県登米市米山町西野字古舘廻56-1	0120-216-210
宮城北展示場	宮城県登米市米山町西野字古舘廻56-1	0120-216-210
名取店	宮城県名取市杜せきのした5丁目20-3	022-748-6566
仙台展示場	宮城県仙台市太白区袋原4丁目18-10	022-748-6566
大館店	秋田県大館市中山字中山36-1	0186-57-8331
大館展示場	秋田県大館市東台6丁目2番62号	0186-57-8331
秋田店	秋田県秋田市東通8-1-15	018-836-4777

秋田展示場	秋田県秋田市御所野堤台2丁目6-249	018-836-4777
横手店	秋田県横手市赤坂字館ノ下155	0182-23-8022
湯沢展示場	秋田県湯沢市両神21番6	0182-23-8022
由利本荘店	秋田県由利本荘市岩渕下48	0184-74-3010
由利本荘展示場	秋田県由利本荘市東梵天21番1	0184-74-3010
山形店	山形県東根市大林1丁目1-25-112	0237-53-0445
鶴岡店	山形県鶴岡市淀川町20-5	0235-29-5001
鶴岡展示場	山形県鶴岡市大西町2番14号	0235-29-5001
いわき店	福島県いわき市小名浜花畑町35-1	0246-38-8836
福島店	福島県福島市渡利字七社宮23-1	0120-523-253
福島展示場	福島県福島市渡利字小舟23-1	0120-523-253
二本松店	福島県二本松市表1丁目552番地7	0243-24-5650
会津若松店	福島県会津若松市西栄町6-37	0242-36-7373
会津若松展示場	福島県会津若松市南千石町8-6	0242-23-8988

サイエンスホーム　グループ一覧【関東ブロック】

日立店	茨城県日立市川尻町5-7-7	0294-59-3390

日立展示場	茨城県日立市川尻町1丁目33-15	0294-59-3390
水戸店	茨城県水戸市酒門町1107-4	029-303-6559
石岡店	茨城県石岡市石岡13462-20	0299-56-7717
宇都宮店	栃木県宇都宮市茂原2-10-24	028-653-2348
宇都宮ショールーム	栃木県宇都宮市茂原2-10-24	028-655-1001
南宇都宮店	栃木県宇都宮市吉野1-10-17メゾンドフジ1F B号室	028-612-7335
大田原店	栃木県大田原市末広3丁目2831番地78	0287-23-3372
沼田店	群馬県沼田市鍛冶町3941-15	0278-25-4131
沼田展示場	群馬県沼田市沼須町1113-5	0278-25-4131
伊勢崎店	群馬県伊勢崎市茂呂町2-2775-4	0270-23-5515
伊勢崎展示場	群馬県伊勢崎市今泉町1-1238-2	0270-23-5515
さいたま本店	埼玉県さいたま市緑区美園2-7-12	048-829-9783
さいたま展示場	埼玉県さいたま市緑区美園2-7-12	048-829-9783
草加店	埼玉県草加市栄町1-1-10	048-950-8715
草加展示場	埼玉県草加市栄町1-1-10	048-950-8715
鴻巣店	埼玉県鴻巣市八幡田742番地2	048-598-8688
鴻巣展示場	埼玉県鴻巣市八幡田742番地2	048-598-8688
入間店	埼玉県入間市東町7丁目2-8	0120-934-144

流山店	千葉県流山市三輪野山3-1-5	04-7186-7018
流山展示場	千葉県流山市三輪野山3-1-5	04-7186-7018
旭店	千葉県旭市ニの388-5	0120-980-142
旭ショールーム	千葉県旭市ニの388-5	0479-62-5551
八日市場展示場モデルハウス	千葉県匝瑳市飯倉台49-1	0479-74-8833
木更津店	千葉県木更津市祇園485-1グリーンエース祇園B	0438-97-7555
佐倉店	千葉県佐倉市王子台4-28-14-2F	043-377-7426
佐倉ショールーム	千葉県佐倉市王子台4-28-14-2F	043-377-7426

サイエンスホーム グループ一覧【神奈川・東京ブロック】

東京八王子店	東京都八王子市川口町2534-7	042-659-1871
八王子展示場	東京都八王子市川口町2534-7	042-659-1871
横浜店	神奈川県横浜市都筑区川和町977-1	045-938-5370
横浜展示場	神奈川県横浜市都筑区川和町977-1	045-938-5370
相模原店	神奈川県相模原市南区下溝3496-3	042-777-7233

サイエンスホーム　グループ一覧【静岡ブロック】

伊豆店	静岡県下田市大賀茂330－3	0558－22－6672
静岡店	静岡県静岡市駿河区下川原南5－13	054－258－5911
静岡展示場	静岡県静岡市駿河区下川原南5－13	054－258－5911
袋井店	静岡県袋井市堀越1535－2	0538－43－7899
森町展示場	静岡県周智郡森町森2060－8	090－7049－0808
浜北店	静岡県浜松市浜北区西美園652－2	053－544－7888
浜北展示場	静岡県浜松市浜北区西美園652－2	053－544－7888
浜松店	静岡県浜松市中区富塚町5067－1	053－416－1800
浜松展示場	静岡県浜松市中区富塚町5067－1	053－416－1800
浜松西店	静岡県浜松市西区入野町19954－707WEST	053－448－1119
浜松平屋展示場	静岡県浜松市西区入野町19954－724	053－448－1119
浜松西ショールーム	静岡県浜松市西区入野町19954－707WEST	053－448－1119
浜松雄踏展示場	静岡県浜松市西区雄踏町宇布見9849番地	053－448－1119
浜松白羽店	静岡県浜松市南区白羽町877－3	053－444－5177
浜松白羽展示場	静岡県浜松市南区白羽町877－3	053－444－5177
浜松南店	静岡県浜松市南区本郷町579	053－582－6611
浜松南展示場	静岡県浜松市南区本郷町579	053－582－6611

サイエンスホーム　グループ一覧【東海ブロック】

中津川店	岐阜県中津川市苗木1826-5	0573-62-0688
中津川展示場	岐阜県中津川市手賀野501-11	0573-67-8615
多治見店	岐阜県多治見市太平町6-61-3	0572-24-5667
名古屋店	愛知県名古屋市天白区島田4丁目2210	052-842-8716
名古屋緑展示場	愛知県名古屋市緑区東神の倉3-2502	052-893-6300
名古屋天白展示場	愛知県名古屋市天白区島田4丁目2210	052-842-8716
名古屋天白檜づくしの家展示場	愛知県名古屋市天白区島田4丁目2210	052-842-8716
名古屋あま展示場	愛知県あま市小橋方田中528-11	052-443-2050
名古屋東店	愛知県名古屋市名東区勢子坊1-104	052-753-4466
名古屋南店	愛知県名古屋市瑞穂区片坂町1丁目11番地	052-831-5165
名古屋瑞穂展示場	愛知県名古屋市瑞穂区片坂町1丁目 3番地	0120-41-8825
岡崎店	愛知県岡崎市宮地町字郷東1-1	0564-64-2252
岡崎展示場	愛知県岡崎市野畑町字北浦48-2	0564-64-7131
東海店	愛知県東海市名和町寝覚130	052-693-8718
知多店	愛知県知多市八幡字東大清水104	0562-57-8855
安城店	愛知県安城市横山町大山田中61番地1	0566-73-0510
安城北店	愛知県安城市高木町半崎28-3	0566-45-7710

七宝店	愛知県あま市七宝町沖之島宮前2番地	052-442-0667
尾張清須店	愛知県清須市春日落合530	052-325-3200
鈴鹿西店	三重県鈴鹿市道伯1丁目7-1	059-367-7357
鈴鹿展示場	三重県鈴鹿市道伯1丁目7-1	059-367-7357
伊賀上野店	三重県伊賀市畑村868番地	0595-47-0008
伊賀上野展示場	三重県伊賀市服部町1164-1	0595-51-8945
津店	三重県松阪市小野江町587-4	0598-31-3881
津ショールーム	三重県松阪市小野江町587-4	0598-31-3881
紀州店	三重県尾鷲市南陽町9番37号	0597-22-2433
熊野展示場	三重県熊野市久生屋町396-6	0120-946-600

サイエンスホーム グループ一覧【北信越ブロック】

新潟北店	新潟県胎内市大出1446	0254-20-7202
新潟店	新潟県新潟市北区木崎2183番地	025-288-5439
新潟展示場	新潟県新潟市北区木崎2948-29	025-288-5439
新潟県央店	新潟県三条市西大崎2丁目11-28	0256-64-7488
新潟県央展示場	新潟県三条市西大崎2丁目11-14	0256-64-7488

新潟上越店	新潟県上越市上千原4355-1	025-543-4043
高岡店	富山県高岡市伏木東一宮6-1	0766-73-2364
高岡ショールーム	富山県高岡市伏木東一宮6-1	0766-73-2364
高岡南店	富山県高岡市早川（松原町）190	0766-21-4386
戸出展示場	富山県高岡市戸出町1丁目2-30	0766-21-4386
金沢西店	石川県白山市平加町83番地1	076-278-2630
白山展示場	石川県白山市鶴来朝日町242番地	076-220-7137
北陸店	石川県金沢市元町2丁目10番1号	076-255-3313
金沢展示場	石川県金沢市元町2丁目10番1号	076-255-3313
福井店	福井県福井市運動公園1丁目4501	0776-33-3090
福井展示場	福井県鯖江市三六町2-314	0776-33-3090
笛吹店	山梨県笛吹市石和町下平井1079-1	055-244-8055
笛吹展示場	山梨県笛吹市石和町下平井1263	055-244-8055
甲府店	山梨県甲府市東下条町146-12	055-244-7190
甲府展示場	山梨県甲府市東下条町146-12	055-244-7190
信州上田店	長野県上田市古里84-28栄光ビル202	0268-71-6231
軽井沢店	長野県北佐久郡軽井沢町大字長倉1708-4	0267-46-8855

軽井沢展示場	長野県北佐久郡軽井沢町大字長倉1708-4	0267-46-8855
南信州店	長野県下伊那郡高森町吉田2107番地1	0265-35-1282

サイエンスホーム グループ一覧【関西ブロック】

長浜店	滋賀県長浜市八幡東町27-1 can's C館1F	0749-63-3456
長浜展示場	滋賀県長浜市宮司町1058-1	0749-53-2933
彦根店	滋賀県彦根市平田町421	0749-24-4150
彦根展示場	滋賀県彦根市大藪町1812-36	0749-24-4155
近江湖南店	滋賀県湖南市菩提寺西1丁目9番24号	0748-74-3088
近江湖南展示場	滋賀県湖南市菩提寺西1丁目9番24号	0748-74-3088
京都店	京都府京都市下京区中堂寺南町134番地 ASTEM棟8階	075-321-3381
大津展示場	滋賀県大津市雄琴北1丁目15-23	075-321-3381
京都南店	京都府京都市南区西九条針小路町2	075-691-8322
京都南展示場	京都府京都市伏見区桃山町泰長老123-15	075-691-8322
大阪北摂店	大阪府茨木市双葉町7番8号クロタニビル4F	072-638-1144
大阪北摂展示場	大阪府茨木市山手台7丁目11	072-638-1144
阪神店	大阪府大阪市北区天神橋2-3-10 サンハイム南森町901	06-6766-4567

兵庫南店	兵庫県加古川市加古川町北在家2463	0120-282-105
兵庫南展示場	兵庫県加古川市加古川町北在家2463	079-421-0105
兵庫西店	兵庫県姫路市砥堀711-1	0120-93-5376
姫路展示場	兵庫県姫路市砥堀711-1	079-265-3322
西宮六甲店	兵庫県西宮市山口町中野2丁目3番15号	078-904-1167
奈良店	奈良県生駒郡斑鳩町興留1丁目7-5	0745-60-0281
奈良法隆寺展示場	奈良県生駒郡斑鳩町興留1丁目7-6	0745-60-8639
奈良北店	奈良県天理市成願寺町437-1	0743-67-2918
和歌山店	和歌山県海南市木津292-9	073-488-1028
和歌山展示場	和歌山県海南市木津292-9	073-488-1028

サイエンスホーム グループ一覧【中国・四国ブロック】

鳥取店	鳥取県鳥取市千代水3丁目34番地2	0857-38-3360
出雲店	島根県出雲市平田町1733-6	0853-63-3471
岡山店	岡山県岡山市北区大供本町712-4	086-235-3146
岡山展示場	岡山県岡山市北区大供本町712-4	086-235-3146
早島駅前展示場	岡山県都窪郡早島町前潟602-19	0120-17-3146

早島駅前平屋展示場	岡山県都窪郡早島町前潟602-19	0120-17-3146
笠岡展示場	岡山県笠岡市笠岡4137-8	0865-63-8887
福山店	広島県福山市東深津町1-18-48	084-973-8260
福山展示場	広島県福山市東深津町1-18-48	084-973-8260
久松台展示場	広島県福山市久松台3-20-8	084-973-8260
広島店	広島県広島市安佐北区可部東2丁目8-22	082-516-6917
広島展示場	広島県広島市安佐北区可部東2丁目8-22	082-516-6917
東広島店	広島県東広島市黒瀬町丸山1-17	0120-256-236
東広島展示場	広島県東広島市黒瀬町丸山1-17	0120-256-236
広島西店	広島県広島市佐伯区五日市中央5丁目18番7号2F	082-299-1192
東山口店	山口県熊毛郡田布施町川西1363-1	0820-25-3808
東山口展示場	山口県熊毛郡田布施町川西1363-1	0820-25-3808
山口店	山口県山口市黒川871-7	083-928-8113
山口展示場	山口県山口市黒川871-7	083-928-8113
高松店	香川県高松市中間町869番地1	087-870-4132
新居浜店	愛媛県新居浜市東田2丁目1694-4	0897-47-8190
新居浜展示場	愛媛県新居浜市東田2丁目1694-4	0897-47-8190
松山店	愛媛県松山市平井町甲2378-2	089-976-5782

高知店	高知県高岡郡越知町越知甲１６２３番地４	０８８９－２６－２２８１

サイエンスホーム　グループ一覧【九州・沖縄ブロック】

北九州店	福岡県北九州市八幡西区東鳴水４丁目12－３	０９３－６４２－８６６９
福岡店	福岡県大野城市中央２丁目３－14	０９２－９１５－１１６０
福岡展示場	福岡県大野城市中央２丁目５－20	０９２－９１５－１１６０
博多店	福岡県福岡市博多区諸岡１－４－32	０９２－７１０－０９９１
博多展示場	福岡県福岡市博多区板付４－２－４	０９２－７１０－０９９１
福岡西店	福岡県糸島市前原西５丁目１番31号	０９２－３２４－１１１８
福岡西展示場	福岡県福岡市西区西都２丁目26－５	０９２－３２４－１１１８
久留米店	福岡県久留米市本山１丁目６番６号	０９４２－６５－６５１７
佐賀店	佐賀県佐賀市神野東２丁目８番31号	０９５２－３６－６３８１
佐世保店	長崎県佐世保市早苗町１０６－６	０１２０－５２９－３０７
熊本店	熊本県熊本市南区薄場２丁目８－１	０９６－３５３－５７８５
熊本展示場	熊本県熊本市南区薄場２丁目８－１	０９６－３５３－５７８５
熊本南店	熊本県球磨郡あさぎり町免田東１７７２番地	０９６６－４５－３７９１
大分北店	大分県中津市東本町３－７エグゼハクユウビル12Ｆ	０９７９－２２－１１００

大分北展示場	大分県中津市大字大貞371番479	0979-64-7878
大分店	大分県大分市大州浜2丁目6-27	097-552-7050
大分展示場	大分県大分市松原町2丁目5-2	0120-527-048
延岡店	宮崎県延岡市富美山町4384	0982-22-9963
延岡展示場	宮崎県延岡市岡富町13-5	090-4512-6137
宮崎店	宮崎県宮崎市大字本郷北方3051番地	0985-52-4360
宮崎展示場	宮崎県宮崎市清武町加納1879-4	0985-52-4360
都城展示場	宮崎県都城市郡元4丁目24-5	0985-52-4360
鹿児島店	鹿児島県鹿児島市城山町15-3	099-223-1161
鶴丸城展示場	鹿児島県鹿児島市城山町6-24	099-208-2518
沖縄店	沖縄県島尻郡南風原町宮平342-4	098-888-0150
八重瀬展示場	沖縄県島尻郡八重瀬町具志頭1808-1	098-888-0150

株式会社サイエンスホーム　代表取締役社長
加納文弘（かのう ふみひろ）

石川県出身。高校卒業後はハウスメーカーにて営業を担当。地元のほか、転勤先の名古屋や浜松でも社内トップの成績を出し続ける。29歳で独立し、以後「低価格で高品質な家づくり」を追究。2006年には株式会社サイエンスウッドを設立した。続いて2011年には、「一人でも多くのお客様に高品質な家を提供したい」との想いから全国への展開を加速し、住宅メーカーとして株式会社サイエンスホームを設立した。2019年11月現在、全国の加盟店数は124。建てた棟数は1000を超える。

真壁づくりの家を建てる！

なぜか「木の家好き」に選ばれる5つの理由

2019年12月25日〔初版第1刷発行〕

著　　者　加納 文弘
発 行 人　佐々木紀行
発 行 所　株式会社カナリアコミュニケーションズ
〒141-0031 東京都品川区西五反田6-2-7
ウエストサイド五反田ビル3F
TEL　03-5436-9701　　FAX　03-3491-9699
http://www.canaria-book.com
印 刷 所　株式会社クリード
DTP・装丁　株式会社バリューデザイン京都

ISBN978-4-7782-0464-8　C0034

カナリアコミュニケーションズの書籍ご案内

ＩCTとアナログ力を駆使して中小企業が変革する

近藤 昇 著

第1弾書籍「だから中小企業のIT化は失敗する」（オーエス出版）から約15年。この間に社会基盤、生活基盤に深く浸透した情報技術の変遷を振り返り、現状の課題と問題、これから起こりうる未来に対しての見解をまとめた1冊。

中小企業経営者に役立つ知識、情報が満載！

2015 年 9 月 30 日発刊
1400 円（税別）
ISBN 978-4-7782-0313-9

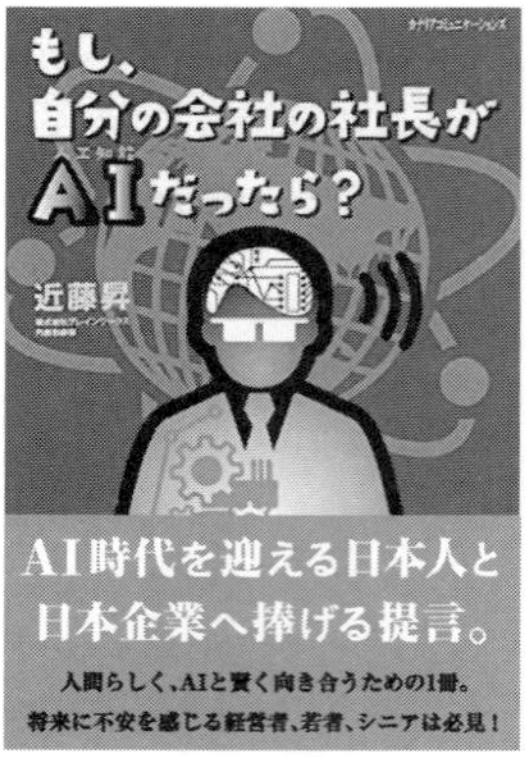

もし、自分の会社の社長がＡＩだったら？

近藤 昇 著

AI 時代を迎える日本人と日本企業へ捧げる提言。

人間らしく、AI と賢く向き合うための1冊。

将来に不安を感じる経営者、若者、シニアは必見！

実際に社長が日々行っている仕事の大半は、現場把握、情報収集・判別、ビジネスチャンスの発掘、リスク察知など。その中でどれだけ AI が代行できる業務があるだろうか。10年先を見据えた企業と AI の展望を示し、これからの時代に必要とされる ICT 活用とは何かを語り尽くす。

2016 年 10 月 15 日発刊
1300 円（税抜）
ISBN 978-4-7782-0369-6

カナリアコミュニケーションズの書籍ご案内

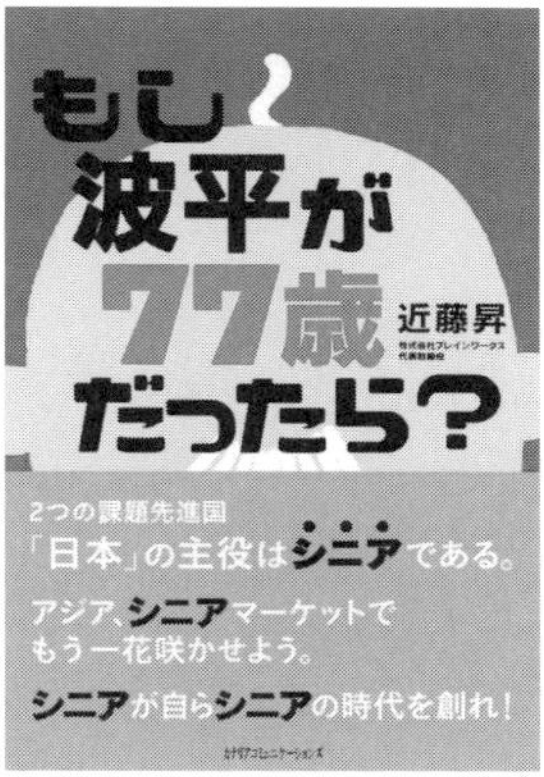

もし波平が７７歳だったら？

近藤 昇 著

人間はしらないうちに固定概念や思い込みの中で生き、自ら心の中で定年を迎えているということがある。オリンピックで頑張る選手から元気をもらえるように、同世代の活躍を知るだけでシニア世代は元気になる。
ひとりでも多くのシニアに新たな希望を与える1冊。

2016 年 1 月 15 日発刊
1400 円（税別）
ISBN 978-4-7782-0318-4

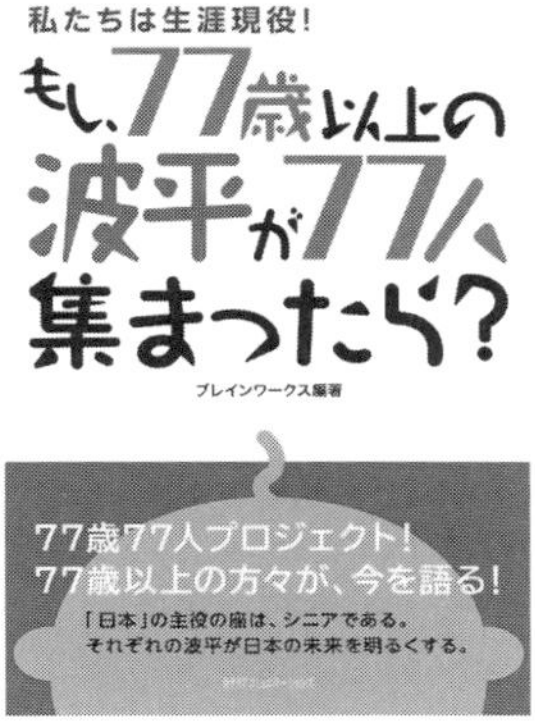

もし、７７歳以上の波平が７７人集まったら？
私たちは生涯現役！

ブレインワークス 編著

私たちは、生涯現役！シニアが元気になれば、日本はもっと元気になる！現役で、事業、起業、ボランティア、NPOなど各業界で活躍されている77 歳以上の現役シニアをご紹介！「日本」の主役の座は、シニアです！ 77 人のそれぞれの波平が日本の未来を明るくします。
シニアの活動から、日本の今と未来が見える！
※波平とは、「もし波平が 77 歳だったら？」（近藤昇著）の反響をうけ、波平に共感してくださったことから、第2弾企画として使用。

2017 年 2 月 20 日発刊
1300 円（税別）
ISBN 978-4-7782-0377-1